JN218855

心が折れそうな夫のための

モラハラ妻解決BOOK

4タイプでわかる

高草木
陽光
Takakusagi Harumi

左右社

はじめに

「うちの妻の言動って普通なのかな？」
「男だから我慢するしかないのか？」

妻との関係に疑問を抱きながら、どうしたらいいかわからずに悩んでいませんか？

夫婦関係の相談は、圧倒的に妻側からが多いと思っている人がほとんどなのですが、実際には**40％は夫からの相談で、夫と妻の相談者の割合は大きくは変わりません。**

驚く人も多いのですが、**年々夫からの相談は増えています。**目立って増えてきている相談内容は、妻の**暴言**や**暴力**です。特に妻から受ける「言葉の暴力」や「嫌がらせ」に対して心身に影響が生じるまで我慢している夫も多く存在します。

このように、相手に精神的な苦痛を与えることを「モラル・ハラスメント」といい、略して「モラハラ」と呼ばれます。これまで、「モラハラ」は夫から妻に対してのものばかりがメディアなどで取り上げられてきました。しかし、近年では妻から夫に対してのモラハラが目立って増えています。

背景のひとつとして、**働き方の変化**があります。結婚や出産後も仕事を続ける妻が増え、妻の家事や育児への負担が高まりました。同時に、夫に対する家事育児の要求レベルも高くなってきたことが、このようなモラハラ妻を増やしている原因ではないかと感じています。

ですが、そういった変化だけが妻を暴力的にしているわけではありません。話を聞いていくうちに**幼少期の両親との関係、過去のトラウマ、生まれ持った気質**なども無関係ではないことに気が付きました。

私は夫婦問題カウンセラーとして活動をはじめてから9年で約8000人の悩み相談に携わっています。数十年間同じ問題で悩んでいる人、自分の状況の整理ができていない人などいろんなタイプの人たちと何度も対話し、かかわってきました。

当事者になるとなかなか気が付けないことですが、**同じような状況やパターンで悩んでいる人は案外多い**ことがわかりました。また、**思った以上に自分の現状を理解できていない**ことが解決に至らない原因だとも感じました。そこで、問題を可視化し、整理することで夫婦のコミュニケーションに役立てられないかと考えてできたのがこの本です。

本書では、相談に訪れる夫が「問題」として挙げる**妻のタイプを大きく4つに分け**て、私なりに比較分析しています。

・**GPS型**（猜疑心の強い怖がりや）
・**マイペース型**（家族の予定を台無しにする気まぐれや）
・**上司型**（自分の思うとおりになってほしいこだわりや）
・**暴発型**（攻撃にでてしまうさみしがりや）

それぞれの妻の**特徴**や**付き合い方**、**対処法**、そして、〝そのような妻〟になってしまう**要因**などについて解説しています。

本書は、4タイプに当てはまった妻が「悪い」とか「良い」という判断をするための本ではありませんし、夫たちへ説教するために書いた本でもありません。

私がこの本を書いた最大の目的は、**「家族」という〝チーム〟を最強なものにして、みん**

ながが幸せになることです。密室で起こっている夫婦の現実や、妻の生態を知っていただき、スムーズな関係を築くことは**あなたの人生で一番基本的な部分がうまくいくということです。**

本格的なモラハラ妻とまではいかなくとも、夫が疲労困憊していることは少なくありません。**少しの気付き**と**コツ**でこうした現状はやわらげることが可能なのです。

また、妻のほかにも母親や職場の女性と話していてイラッとしたり、ストレスを感じたりすることはありませんか？

本書は主に「妻」について書いていますが、周りにいるさまざまな女性を思い描きながら読み進めていただければ彼女たちとの**コミュニケーションのとり方**が見えてきます。

本書を読むことで、きっといままで貴方が「怖い」「理解できない」と思っていた女性に対する見方が変わり、どう対応したらいいか明確になるでしょう。

〝本質〟や〝傾向〟を少しだけでも理解することで、**今後の不毛な言い争いを防ぐことが可能**になります。そして、一度理解さえしてしまえば**貴方のストレスはみるみる軽減されていくでしょう。**

そして、夫（男性）だけでなく、**妻（女性）にとっても、本書はムダにはならない**と感じています。同じ妻（女性）という立場の人たちに、このような女性もいるという現実を知っていただき、**自分と照らし合わせてみる**ことで、現在の夫婦関係や人間関係を見直していただくキッカケになれば、こんなに嬉しいことはありません。

すべての妻がこの4タイプのどれかに必ずしも当てはまるわけでありません。4タイプとはまったく違ったタイプの〝怖い妻〟もいるでしょうし、2つ以上のタイプが混じった**混合型**の妻もいるでしょう。

本書は妻のタイプを18ページのチャートで診断後、**気になったページから自由にお読みいただくことが可能です。**「自分の妻がどんな理由でどんな行動をとるか読みたい」という方は、第2章の気になるテーマからお読みください。もしくは「具体的な対策を先に知りたい」という方は、第3章の「付き合い方」や「役立つひとことフレーズ」「夫の悩みQ＆A」から読み進めるのもいいでしょう。

昨今、「怖い妻」「キレる妻」が悪者のような扱いで取り沙汰されています。理不尽で暴力的なＤＶ妻がいるのも現実なので、当然すべてが許されるわけではありません。

しかし、そのような妻は、本当にみな悪者なのでしょうか？「悪者」とレッテルを貼る前に、まずは互いの理解を深め、歩み寄りの機会を模索することがふたりにとって、いま大事なのではないかと思うのです。本書は、そのために必要な、**〝相手を知る〟ということを叶えてくれる本**です。そして、同じような原因や理由で悩んでいる人、「一緒にいると苦しい」「辛い」と感じている人は迷わず周りに助けを求めてください。

もし、夫婦関係を見直したいと考えているのであれば、現状を見て見ぬふりするのはやめましょう。問題を見極め整理することからはじめてみてください。

さあ、迷わず、自信を持って人生を謳歌するための一歩を踏み出しましょう！

心が折れそうな夫のためのモラハラ妻解決BOOK　もくじ

第1章

モラハラ妻の4タイプ

第2章

4タイプの性格と行動パターン

人付き合い・人間関係

リアクション

子どもへの思い

第3章

4タイプとの付き合い方と対策

混合型妻を持つ夫の悩みQ&A

付録

第1章

モラハラ妻の4タイプ

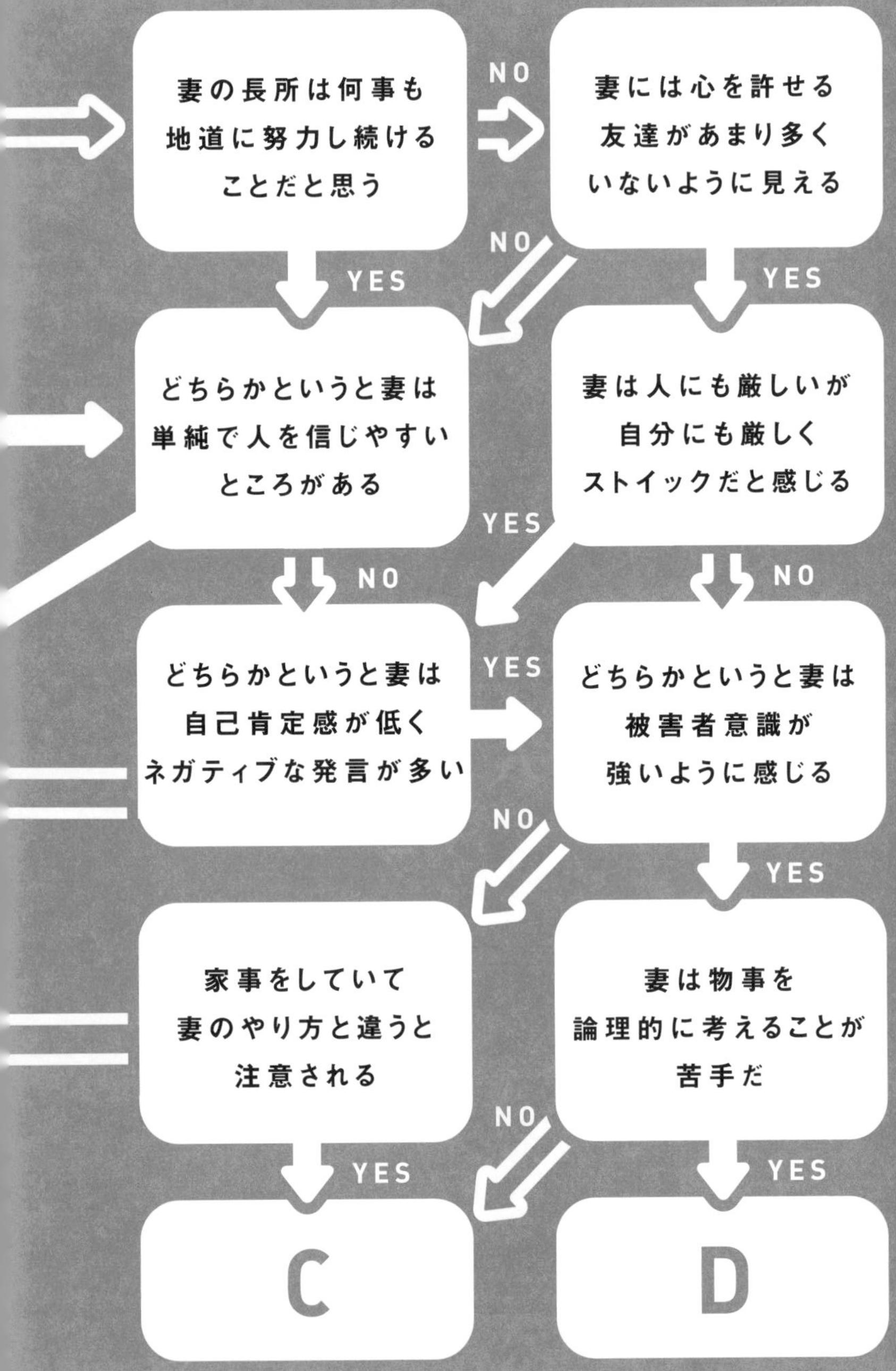
妻の長所は何事も地道に努力し続けることだと思う
NO
妻には心を許せる友達があまり多くいないように見える
NO
YES
YES
どちらかというと妻は単純で人を信じやすいところがある
妻は人にも厳しいが自分にも厳しくストイックだと感じる
YES
NO
NO
どちらかというと妻は自己肯定感が低くネガティブな発言が多い
YES
どちらかというと妻は被害者意識が強いように感じる
NO
YES
家事をしていて妻のやり方と違うと注意される
妻は物事を論理的に考えることが苦手だ
NO
YES
YES
C
D

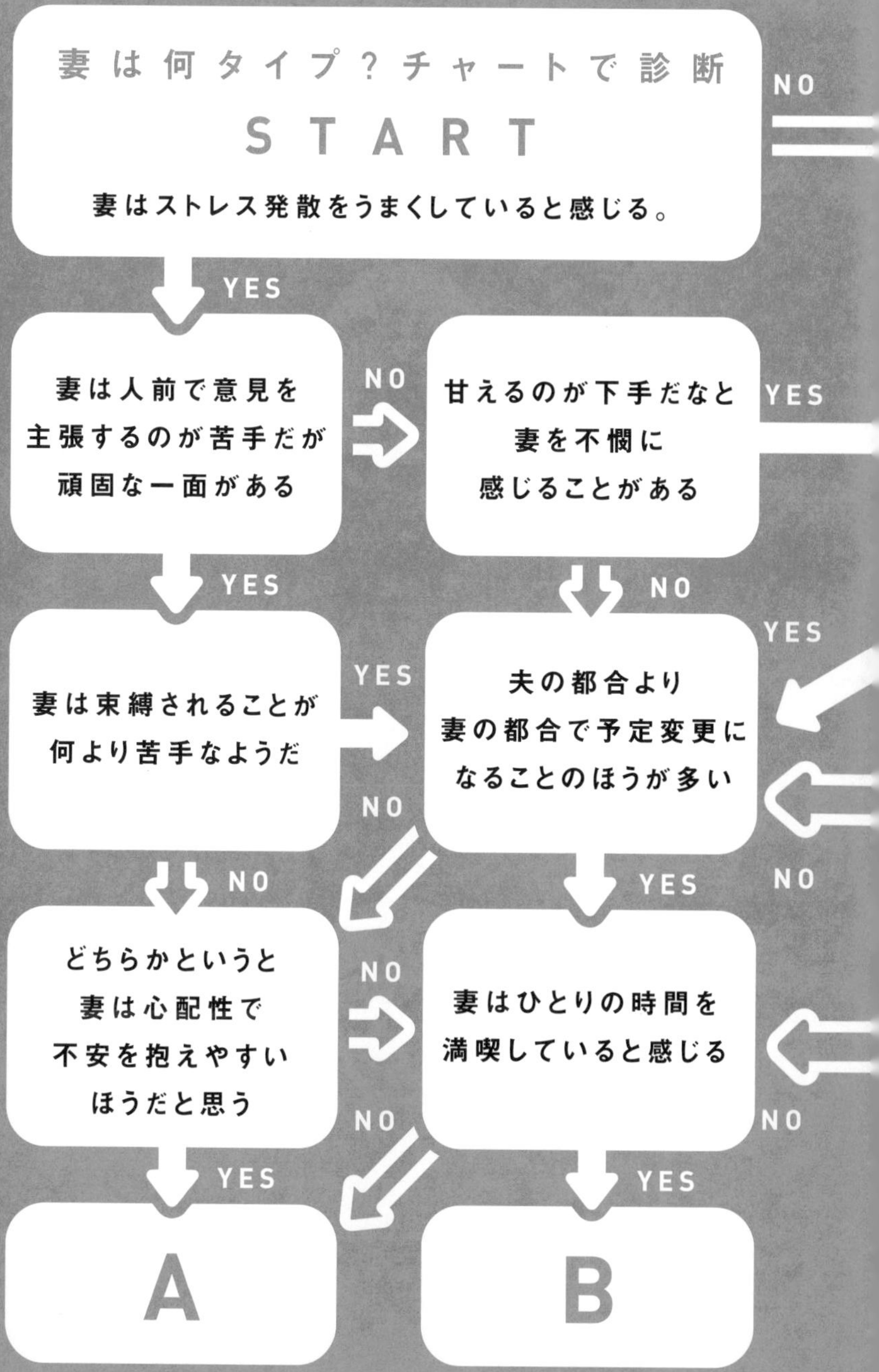
妻は何タイプ？チャートで診断
START
妻はストレス発散をうまくしていると感じる。
YES
NO
妻は人前で意見を
主張するのが苦手だが
頑固な一面がある
NO
甘えるのが下手だなと
妻を不憫に
感じることがある
YES
YES
NO
YES
妻は束縛されることが
何より苦手なようだ
YES
夫の都合より
妻の都合で予定変更に
なることのほうが多い
NO
NO
YES
NO
どちらかというと
妻は心配性で
不安を抱えやすい
ほうだと思う
NO
妻はひとりの時間を
満喫していると感じる
NO
NO
YES
YES
A
B

GPS型

▸ P.22へ

猜疑心の強い怖がりやですが、
周りからは家族思いのいい妻と
思われているかもしれません。

マイペース型

▸ P.26へ

家族の予定を台無しにする気まぐれやですが、
周りからは物分りがよくさっぱりしている妻と
思われているかもしれません。

上司型

▸ P.30へ

自分の思うとおりになってほしいこだわりやですが、周りからは賢く礼儀正しい妻と思われているかもしれません。

暴発型

▸ P.34へ

攻撃にでてしまうさみしがりやですが、周りからおしとやかで素敵な妻と思われているかもしれません。

GPS型

LINEにいつでも迅速な対応を要求
猜疑心の強い怖がりや

① 他人の目が気になり、流されやすい

人に嫌われることを恐怖に感じるため、「人からどう見られているか」ということを非常に気にする。そのため、どんなタイプの人にでも話を合わせることができるが、「自分軸」よりも「他人軸」中心で物事を考えてしまう傾向があるため、人の意見に流されやすい。しかし、本質は頑固。

② 大切な人を守るための行動力は抜群

普段は積極的に人前に出るタイプではないが、自分の大切な人に害が及んだと判断した場合は、普段の姿からは想像もできない程の行動力を発揮して攻撃的になることもある。

③ 身近な人に依存しやすい

家族や身内との絆を大切にし、愛情深い。しかし、本人は愛情に飢えており、心が不安定になりやすいため、夫や子ども、母親など身近な人に依存しやすい。執着心、嫉妬心が強い。

○GPS型妻の特徴

仕事中だとわかっているのに何度も電話やLINEをしてくる妻……。もっと信用してほしいと思いますよね。**常に夫の行動を把握していないと気がすまなかったり、不安になると、思いもよらぬ過激な行動をとったりする**のが**GPS型**の妻です。由来となるGPSとは人工衛星を利用した位置情報システムのことです。

たとえば、昼夜問わず「いつ、どこで、誰と、何をした」ということを知りたがり、夫の都合も考えずに、仕事中でも構わず何度も電話をしてきたり、LINEを送ってきたりして、迅速な返答を求めます。

GPS型の妻にとって、財布やカバンをチェックするのは当たり前の日常です。唐突に携帯電話やスマホを「見せて」と言ってきたり、場合によっては車にGPSやボイスレコーダーを仕掛けたりして、探偵まがいのこともします。

夫の行動を把握し、管理することが〝妻の愛〟であり、夫が事細かに自分の身の周りで起きたことや、会った人のことを報告してくれることが〝夫の愛〟であると信じています。そんな**GPS型**の妻は、主に2つの出来事を経て、つくりあげられてしまう傾向があります。

ひとつめの出来事は、**夫、もしくは過去に付き合った男性に裏切られた経験があり、**その出来事が強烈な印象として残っている場合です。よくあるケースとしては、過去に夫に浮気や不倫をされたことがある妻や、ウソをつき続けられた経験がある妻。事実かどうかはさておき、疑惑が残る夫の女性問題を経験したことがある妻。このような妻は、**GPS型**になりやすいという特徴があります。

はじめは小さな誤解やすれ違いかもしれませんが、ひとつの疑惑から夫の何もかもが信じられなくなり、自分に自信がもてなくなってしまうのです。

「夫は、まだ不倫相手と別れていないのかも」
「また、裏切られるんじゃないか」
「もしかして、捨てられてしまうかも」

こんなふうに猜疑心だらけになっている妻は、夫を監視することで、**自分なりの〝安心〟**を見つけ出そうとしているのです。

GPS型の妻をつくりだしてしまう2つめの出来事は、乳幼児期までさかのぼります。

GPS型と「乳幼児期」に、なんの関係があるのかと思うかもしれませんが、**GPS型**にかぎらず、人の「性格」や「思考のクセ」、「行動パターン」などの育成には、主に乳幼児期の〝**母親の影響**〟が大きく関係していると言われています。

子どものときに母親からの愛情を、うまく受け止められなかったり、与えられなかったりしたため、大人になってから、その記憶が〝後遺症〟となって表れる人もいます。「愛してほしい人から愛してもらえない恐怖」がよみがえり、**自己防衛反応として監視せずにはいられない**人が**GPS型**になりやすいと考えています。

GPS型の妻たちの話を聞いていくうちに、相談に訪れる90％以上の人たちが、母親に対しての愛情の欠乏を認識していることがわかりました。つまり、**GPS型**になってしまう妻の多くが、「母親に愛された実感がない」「もっと愛されたかった」という顕在意識、または潜在意識をもっている人たちだといってもいいでしょう。

GPS型の妻は、「愛されるべき母親から愛されなかった」という過去の深い記憶を、〝愛する夫〟を母親の代わりにすることで、無意識に過去の〝上書き〟をしようとしているのです。そのため夫の愛情に疑念が生じたときは、自分が生きていくために手段を選ばず暴走してしまうのです。

マイペース型

夫の休日のスケジュールも自分の気分で変更
家族の予定を台無しにする気まぐれや

① 妄想好きな自由人

明るく社交的な面があるいっぽう、突然黙り込むこともある。ひとりの時間と妄想が大好き。束縛されるのが大嫌いで我が道を行くタイプ。

② 自己肯定感が高く傲慢になりやすい

「自分は愛されて当然だ」と思っていて、自己肯定感もセルフイメージも高く、そのぶん傲慢になりやすい面がある。夫に容赦なく暴言を吐くことがあるが、自分が言われるのは我慢ならない。

③ 熱しやすく冷めやすい気分や

本来は“甘えたがりや”なので、ふたりだけのときには甘えてくるが、人前では冷たい“ツンデレ”タイプ。好奇心旺盛で、好きなことにはとことん集中するが、飽きるのも早いため使わなくなった物で部屋が占領される可能性もある。

○マイペース型妻の特徴

人のことは考えず自分中心に物事を判断し、**そのときの気分や感情で言動が変化する**のが**マイペース型**の妻です。そのため、周りが振り回されて疲弊することになりますが、そんなことは気にも留めません。

「人の立場になって考える」ということが、頭から抜け落ちている**マイペース型**の妻にとって、夫の休日の予定を自分の都合で勝手に決めてしまうことなど当然のことなのです。そのため、夫は自分の存在価値がわからなくなってしまうこともあります。また、弁が立ち、もっともらしい言い訳をするのが得意です。いつの間にか妻に都合がいいように話をまとめられ、そのたびに夫はモヤモヤした気分にさせられます。

マイペース型は別名**自己中型といっても過言ではなく**このような人は男女ともに嫌厭されがちです。ただし、その行為を「自己中」と捉えるのか、「かわいいワガママ」と捉えるのか、モノサシは人それぞれであるのも確かです。

ここでは、夫が本気で「離婚したい」「もう耐えられない」と相談に訪れたレベルの**マイペー**

ス型の妻の特徴をいくつかお伝えしたいと思います。

たとえば、気に入らないことがあると行き先も告げずに子どもを連れて家を飛び出し、そのまま一週間も**連絡がいっさい取れなくなる**妻や、実家に行ったきり**長期間帰ってこない**妻。子どもの面倒を夫に任せ、月に一度ひとりで海外旅行に行ってしまう妻。「荷物が多いから、車で迎えに来て」と連絡があったので指定場所に行くが姿がなく……「どこにいるんだ?」と電話をすると「来るのが遅いから、タクシーで帰ってきちゃった」と平然と言ってのける妻など。過去にこのようなタイプの女性と出会った経験がある男性も少なくないかもしれません。

一度や二度なら我慢できることでも、頻繁に繰り返されることで、精神的に疲れてしまう男性も多く、妻との夫婦関係を清算したいと考える夫もでてきます。

また、交際中のデートで「海に行きたい」と言っていた彼女のために、その日のドライブコースを念入りに調べ、景色のいいレストランを予約し、好き嫌いが多い彼女のためにメニューの変更までしていたにもかかわらず、当日になって「やっぱり、海じゃなくて山に行こうよ」と、サラッと言ってくるような女性の本性を、ほとんどの男性は見抜くことができません。

多少、イラッとして言い合いになったとしても、「女って、ホント気まぐれだよな」という程度の結論に自分を無理やり納得させてしまい、恋愛中に〝本質を見る〟ということよりも、「自分のモノにしたい」という気持ちのほうが勝ってしまうためです。

何が言いたいかというと、**マイペース型**の妻は結婚前から〝自己中ぶり〟を、じわじわと現していることが多いということです。そして、結婚という契約で、自分のモノになった男に対して正々堂々と本来の自分をさらけ出しているだけにすぎないのです。女は、図々しいところがありますから、初めは「かわいい」と思ったワガママが、エスカレートし暴走していくことはよくあります。

本物の**マイペース型**の妻は、本人だけのこととして収めてくれず、**人を巻き込むことに罪悪感を抱かない**という厄介なところがあります。また、夫や家族の**気持ちや誠意、行動、そして時間を台無しにしてしまう**のが**マイペース型**の妻の大きな特徴といえるでしょう。

上司型

洗濯物の畳み方ひとつにもうるさい
自分の思うとおりになって欲しいこだわりや

① 人にも厳しいが自分にも厳しい

仕切りたがりやでプライドが高く負けず嫌いなので、周りの人が扱いに神経を使うことが多々ある。何ごともハッキリしたがる白黒主義。自分に自信があるように見えるが自己評価は低い。優秀で器用であるがゆえに、人に対して厳しく接してしまうことがある。

② 面倒見が良く常識的だがヒステリックになりやすい

職場では常に冷静で、仕事ができるバリキャリ妻。面倒見が良く常識的。しかし、身内に対しては興奮すると感情を抑えられなくなってヒステリックになりやすい。

③ 頑張りやで甘え下手

基本的に「親が喜ぶことをしたい」と思って生きている。まじめで優等生。人に甘えたり、ワガママを言ったりすることは、ダメな人間がすることだと思っているため、可愛げがないように見られてしまうことも。

○上司型妻の特徴

妻が夫に「話を聞いてほしい」と思うのと一緒で、夫も妻に「話を聞いてほしい」と思っています。しかし、**夫の話すことに、ことごとく否定的な言葉を投げかけてくる**のが**上司型**の妻です。

そして、家事や育児に協力的な夫に対しても、一気にやる気が失せてしまうようなダメ出しをしたりします。夫の発言や行動に、共感したり賛同したりすることは滅多にありませんが、マイナス要素を探し出しては、ここぞとばかりに敏感に反応して意見しますので、**アラ探しの名人**ともいえるかもしれません。これでは会社にいるようで気が休まりません。

また、否定的な言葉を無意識に発して、夫に不快感を与えている妻も少なくありません。

上司型の妻の特徴は、**2つのタイプに分かれます。**ひとつめは、妻自身が夫に対して「否定的な言動をとっている」とは夢にも思っていない**無意識タイプ**。2つめは、自分のこだわりやルールがあり、思い通りにならないとイライラしてしまう**完璧主義タイプ**です。

前者の**無意識タイプ**の**上司型**の妻は、まさか自分の発言が夫を苦しめているとは思っていないので、そこに気付くことができれば、早い段階で**上司型**から脱却することができます。
無意識タイプの**上司型**の妻は、否定的な言葉を発することがクセになっている人が少なくありません。「だって」「でも」「けど」「っていうか」というような言葉を日常的に使用している人がほとんどです。このように否定的な言葉を発するクセがある妻は、夫だけでなく自分自身をも否定していることになりますので、思考がネガティブになりがちです。

いっぽう、後者の**完璧主義タイプ**の**上司型**の妻は、夫の発言に対してだけでなく、行動にも厳しいチェックを入れてきます。

たとえば、洗濯物の畳み方は、「キレイに畳んであればＯＫ」というわけではありません。完璧主義タイプの妻は、夫にも「自分と同じ畳み方」を求めます。なぜなら、自分流のルールがあり、その**ルールから外れたことをすることが最もストレス**になるからです。夫にはパンツの畳み方ひとつにもダメ出しが待っているのです。

また、夫だけでなく、子どもに対しても自分流のルールに従わせようとする傾向があります。そのため、ルール違反をする家族を見つけては注意し、直させるということが自分の使命のようになっている妻もいるのです。

実は、**完璧主義タイプ**の**上司型**の妻には、高学歴の女性が少なくありません。幼少の頃から厳しく躾けられ、有名大学を卒業し、大手企業で男性と肩を並べて頑張ってここまできたという自負があります。ですから結婚生活も、「私のやり方で間違いない」と思い込んで主張し続ける人や、正論を振りかざして夫婦関係が破綻する人もいるのです。自分だけのルールを設けるのは自由ですが、それを夫や子どもに押し付けることこそルール違反であることに気が付いてほしいものです。

一見、自分に自信があるように思われる**上司型**の妻ですが、幼少の頃から常に親に高レベルを求められて育った人が多く、自分自身に対して、人並みではなかなかOKを出すことができない人もいます。ですので、**セルフイメージも自己評価も低め**である場合が少なくないのです。

暴発型

リモコン、皿など独自の武器で夫に対抗
攻撃にでてしまうさみしがりや

① 反発心が強く友達が少ない

感受性が豊かで、何気ない言葉にも過剰に反応しがち。神経質で心配性だが、人に相談することが苦手。人生を悲観し、思うようにいかないのは「人や、社会が悪い」と被害者意識が強いため友達も少ない。

② 深く考えることが苦手

本当は暴力や暴言を「やめたい」と思っているが、自分を「見つめること」や「認めること」が苦手なため、現実を見てみないふりをしていることが多い。

③ 心に闇を抱える寂しがりや

幼少の頃から、両親のケンカを目の当たりにしてきたり、暴力を振るわれてきたりした経験がある人が多く、自分が「妻」として「母」として、夫や子どもにどう接すればいいのかわからないと悩んでいる。

○暴発型妻の特徴

ぶったり蹴ったりするだけでなく、物を投げつけて人を傷つけようとしたり、日頃から抑えていたうっぷんを爆発させ夫の人間性を否定する暴言を吐いたりするのが**暴発型**の妻です。**身体的な暴力だけではなく、いきなりキレるなど精神的にダメージを与える場合も含まれます。**

腕力では夫に勝つことができないとわかっている妻は、たまたま目に入ったテレビのリモコンや皿などを〝武器〟として使用することもあります。そして、言葉の暴力としては、「安月給」「臭い」「なんの役にも立たない」「死ね」など。その他に、夫の話や存在を無視をしたり、夫の食事だけ用意をしなかったりなど、自尊心をズタズタにするような酷いことをやったり言ったりします。

ＤＶ（暴力）といえば、「男性が女性にする行為」というイメージを強くもっている人が多いかもしれません。

しかし、妻のＤＶで悩む夫からの相談は、年々増えているのが実情です。

私の相談室の場合、5年ほど前までは、年に2～3人でしたが、いまでは月に1人は必ず妻から何らかの暴言や暴力を受けたことがある男性が訪れます。

ところで**「男性のDV加害者」と「女性のDV加害者」の「目的」は、少し種類が違う**と私は感じています。

夫が加害者の場合、妻に暴力を振るうことによって恐怖心を与え、思考や行動をコントロールし、支配することが目的であることがほとんどなのに対し、**妻が加害者の場合**は、夫に恐怖心を与えて支配することが目的の人はそれほど多くはありません。

それよりも、自分の要求が上手く夫に伝わらなかったり、聞き入れてもらえなかったりすることがストレスとなり、ストレスがピークを越えると、それを**「伝えるための手段」として暴力につながっていることが多い**のです。ですから、**暴発型**の妻の場合、**夫の理解と協力次第で改善しやすい**場合もあります。

男女ともに、生まれたときから暴力的だった人はいません。育った環境や、近くにいた大人、友達の影響によって、暴力に対するハードルが低くなってしまうのです。

実際に相談に訪れる、自称**暴発型**の妻のなかには、親から暴力を受けて育ったという人や、両親の夫婦ゲンカが絶えなかったと話す人が少なくありません。妻の暴力を止めさせるために、まず大事なのはなぜ暴力的になってしまったのかを探ることなのです。

また、夫に対する妻のＤＶは、そのような妻の存在や事実が明るみに出にくいということが、夫を苦しめる原因にもなっています。その理由としては、多くの夫が、妻から暴力を振るわれていることを「男としてみっともない」と感じているため、口外したり相談したりしないからです。これは、このような悩みを抱えている男性だけの問題ではなくて、話を聞いたり相談を受けたりする側の姿勢にも問題があります。

相談者からよく聞く話は、たとえば「会社の先輩に、妻の暴力で悩んでいるという話をしたことがあるが、『所詮、女の暴力だろ』とか、『男なんだから黙っていないでガツンとやってやれ』とか、真剣に悩んでいる立場としては、まったく参考にならないアドバイスしかもらえなかった」ということです。

妻の暴力の度合いはさまざまです。頭を叩く、髪の毛を掴んで引っ張る、お腹を蹴る。夫が経営する会社に乗り込み、ガラスを割った妻もいました。

しかし、残念ながら「女の暴力」は、その深刻度が伝わりにくいのです。「男なんだからどうにでも対抗できるだろ」という認識だったり、「すべてオマエが悪い」と決めつけられたりすることが少なくないようです。

このようなことから、妻から夫に対する暴力的行為は、長きにわたり〝なかったこと〟のような扱いをされてきました。しかし**近年は、夫が家に帰ることを苦痛に感じてしまう「帰宅恐怖症」が社会問題化**しており、夫に対する妻の対応を真剣に見直さなくてはいけない時代になっているように思います。

第2章

4タイプの性格と行動パターン

よく使うフレーズ

○GPS型妻は、「みんなが言っている」と言う

○マイペース型妻は、「普通は〜だ」と言う

○上司型妻は、「だから」と言う

○暴発型妻は、「ムカつく」と言う

人には、無意識に使ってしまう「単語」や「フレーズ」があります。貴方は、それらを意識したことがありますか？

実は、**頻繁に使う言葉によって、その人の心根や本質が推測できます。**また、周りの人に与える印象や影響も違ってきます。

ポジティブな言葉が口グセならいいですが、人によってはネガティブな言葉やフレーズが口グセのようになっている人もいます。たまに会う程度の知り合いや友達なら、それほど気になったり影響を受けたりはしないかもしれませんが、それがイヤでも毎日顔を合わせなくてはいけない〝妻〟だったら話は違ってきます。

相談に訪れたのは、ある企業で研究者として働いている裕太さん（仮名・36歳）という男性。妻こずえさん（仮名・33歳）は5カ月前に出産し、現在育児休業中とのこと。

実は、2年ほど前、結婚したての頃に裕太さんが同じ研究室の女性と食事に行ったことが妻に知られ、大騒動になったことがあるようなのです。いまだに妻から「女性とふたりきりで食事に行くのは浮気だ」**「あなたが悪いと〝みんな〟が言っている」**と責められるのが辛いとのことでした。それからというもの、妻の監視の目が異常なほど厳しくなり、窮屈な毎日を送っているとのこと。

そして最近では、子どもの育児方針について揉めることが増えてきたようなのです。「頭のいい子に育てるためには、0歳からの英才教育が必要だ」とか、「子どもが泣いても、しばらく放っておいたほうが聞き分けのいい子になる」という情報を、妻がどこからか仕入れてきて実行しようとしているというのです。

そして妻からは、またあのお決まりのフレーズが……。**「〝みんな〟が言っている」**。

子育ては、妻にとっても裕太さんにとっても初めての体験です。どうすることが「正解」なのかがわからないので、妻が不安になるのは理解できます。

ですが、「みんなが言っているから」という基準で物事を決められたり言われたりすることには、夫として納得がいかないようです。

このように**GPS型**の妻にとって、「みんなが言っている」という〝みんな〟を巻き込むフレーズは珍しいことではありません。なぜなら、**「自分軸が定まりにくい」**、**「子どもや家族に対しての思い入れが強い」**という傾向がある**GPS型**にとって、〝みんな〟という言葉は、都合がいいからです。

その〝みんな〟とは友達なのか？　テレビや雑誌からの情報を意味しているのか？　実際のところは、妻のみぞ知るわけですが。

「とにかくいまはこうしたい」という主張を貫き通すため〝みんな〟の力を借りるのです。それが、妻にとっての〝心地よさ〟なのです。

いっぽう**マイペース型**の妻の場合は、人の意見よりも**自分の〝感覚〟に忠実**なので、自分を基準としたフレーズが頻繁に飛び出します。

たとえば、**「普通は〜でしょ」「基本的には〜だよね」**というような言葉。その「普通」や「基本」が、**自分を基準としている**ことが**マイペース型**にとっては〝普通〟なので、夫としては、腑に落ちないことだらけだったりします。自分とは違った意見に反論したり、自分の考えの正当性を主張するときに便利な言葉です。

たとえば「男だったら先に謝るのが〝普通〟でしょ」とか、「〝基本的に〟、先に気が付いたほうが片付けるものでしょ」など。このように、夫にとって理不尽なことも〝普通〟にされてしまうのです。

上司型の妻から頻繁に飛び出すフレーズは**「だから」**です。

「だから、最初から私の言ったとおりにすればよかったのに」

「だから、貴方はダメなのよ」

「だ・か・ら〜、何回も同じこと言わせないでよ」など。

頻繁に言われると、結構ヘコみますよね。

「自分は、これまで一生懸命、真面目に生きてきた」「自分は間違っていない」「反発せず〝いい子〟だった」というような思いが強い傾向にある**上司型**は、発する言葉にも**「自分が正しい」というニュアンスが溢れ出てしまう**のです。

また、**上司型**の妻には、物事を白か黒かハッキリさせたがる「白黒主義」の人も少なくないので、「要するに〜ということ?」とか「つまり、こういうことね」など、相手の言ったことを定義しなおす**「要するに」「つまり」**という言葉が口グセになっていることもあります。

目の前を歩いている女性が**暴発型**の妻だとしても、「あ、**暴発型**だ」と、他人がわかるはずがありません。しかし、少し言葉を交わすだけで、わかる場合もあるのです。

私のところには、夫婦そろって相談に訪れる人も多いのですが、「夫に暴力を振るってしまいます」と言う妻の見た目は、どこにでもいるオシャレないまどきの30代の女性だったり、控えめで上品そうな40代の女性だったりします。

しかし、彼女らの多くは、密室での夫に対する言葉遣いが乱暴になりがちで、感情的になりやすく、頻繁に発する言葉もネガティブです。

いままで「ぶったり蹴ったりしてしまう」という暴力的な女性をカウンセリングしてきて気付いたことは、**「ムカつく」や「イラつく」という言葉をよく使う女性や、そういった感情になりやすい女性が多くいた**ことです。

また、普段から話題の多くが、誰かを批判する話だったり、いつも何かに腹を立てていたりする女性も、**暴発型**の妻になりやすい傾向がありますが、他人の前では優等生なので第三者が**暴発型**の妻を見分けるのは難しいかもしれません。

それぞれのタイプの妻が使いがちな「ネガティブなフレーズ」に着目してみましたが、貴方はどう感じましたか？

言われた側としては、決して気分が良いものではありませんが、ネガティブな言葉に対しては、サラッと流すのが一番の対処法かもしれません。

才能・長所

○ GPS型妻は、粘り強い

○ マイペース型妻は、天真爛漫

○ 上司型妻は、指導力がある

○ 暴発型妻は、バイタリティがある

何千組も夫婦を見てきた私が言えること。それは、結婚すると精神的な距離が近くなりお互いの素が見えてくるため、アラ探しをしてしまうのはある意味〝自然なこと〟だということです。

でも、相手の短所にだけこだわり続けている夫婦が幸せになったのをいまだに見たことがないし、聞いたこともありません。

貴重な時間とお金を使い、せっかくカウンセリングを受けに来ていただいた方のなかにもいつまでたっても過去や相手の短所ばかりにこだわり、前に進めない人もいます。

そんな人達には、時間をかけて少しずつ穏やかな心を取り戻せるよう、お手伝いをさせていただきますが、最終的には相手が問題なのではなくて〝自分自身〟の問題であることに気が付くのです。

貴方にとって悩みの種である妻だとしても、**必ず「長所」があるはずです。**今日からは、ぜひいままでとは違った視点で、妻のことを見つめ直してみてください。きっと素晴らしい発見がありますよ。

GPS型の妻は、「嫉妬深い」「しつこい」「疑い深い」というような特徴が見られますが、これらは見方を変えると**「粘り強い」**という長所だといえます。

よく考えてみてください。夫を疑い、嫉妬し、しつこく追いかけまわしてしまう……。ここまで夫を観察できるのは、それなりの「粘り強さ」がなければできないことです。

GPS型のその能力は仕事や家庭でも発揮されているはずです。たとえば、転職を繰り返さない、わからないことは自分が納得するまで調べる、勉強熱心、モノ作りや工夫をすることが好き……というように、夫にはない才能が妻にはあるかもしれません。

集中力と粘り強さを活かして、自分のため家族のために努力を惜しまないのが**GPS型**の妻の良いところです。

いっぽう**マイペース型**の妻は、誰にも思いつかないような突拍子もないことを言いだしたり、やりだしたりする**〝面白さ〟**があります。常識にとらわれない考え方は、ときに夫にとって新たな世界を教えてくれる先駆者となることもあるでしょう。

「自己中」「ワガママ」「自分勝手」というレッテルを貼られがちな**マイペース型**の妻ですが、これも見方によっては**「天真爛漫」**だという長所だといえます。

不器用ではない**マイペース型**は、自分を偽ろうと思えば変幻自在に、どうにでもできてしまうのです。ですが、敢えて〝ありのまま〟を隠さずにアピールするという素直さや、大胆さは、なかなか真似ができない羨ましい生き方なのではないかと思うのです。

そして、**上司型**の妻は、「完璧主義」「理詰めにする」「人に厳しい」「口うるさい」というような印象をもたれている人が少なくありません。

しかし、このような短所的要素も、見方を変えれば**「指導力がある」**という長所に変わるのです。

「指導力がある」って、いまの時代ものすごく貴重だと思いませんか？「指導力」とは、目的や目標に向かって、進むべき方向に導いてくれる力のことです。会社の上司の意見や助言は素直に聞き入れることができるのに、妻の言うことは素直に聞き入れることができない夫が多いのは、とても残念であり、もったいないと感じます。さまざまなことに目移りしやすい家族を客観的に見ながら軌道修正し、ひとつにまとめ、リーダー的存在として活躍してくれている**上司型**の妻は、まさに家族を同じ方向に導いてくれる必要不可欠な大きな存在なのではないでしょうか。

「わめく」「暴れる」「暴言を吐く」。そんな**暴発型**の妻ですが、他人の前ではどうでしょう？

なかには、〝借りてきた猫〟のようにおとなしくなってしまう妻もいます。ということは、自身の力で感情をコントロールしているということになります。

夫の前以外では感情を抑えている妻。でも、精神的距離が近い夫の前では唯一、甘えてしまいヒステリックになってしまいがちです。

大声で叫んだり、暴力的になるためには、それなりのパワーが必要です。したがって、そんな**暴発型**の妻は、言い換えれば**「バイタリティがある」**といえるのではないでしょうか。

喜びよりも怒りの表現力のほうが勝ってしまうことが多いのは、大きなストレスを抱えているのに、その処理の仕方が判然としないもどかしさの表れであることもあります。

怒りのエネルギーを他に分散させることで、長所であるバイタリティを有効に使ってもらえれば理想的ですね。

マイペース型

上司型

GPS型

暴発型

足りないもの

○ GPS型妻は、鈍感力が必要

○ マイペース型妻は、忍耐力が必要

○ 上司型妻は、共感力が必要

○ 暴発型妻は、抑止力が必要

「自分は、なんのスキルもない」と言う人がいますが、そんな人、本当にいるのでしょうか？自分が気付いていないだけで、誰もが素晴らしいスキルをもっていると私は思っています。「スキル」とは、簡単にいうと、技能や技術、能力のことです。たとえば、会話上手な人や、聞き上手の人のことを「コミュニケーションスキルが高い」などと表現したりします。

貴方の妻が、冷蔵庫の中の余りもので手早く料理をしてくれたり、片付け上手だったりするのであれば、「家事スキルが高い妻」といえるのではないでしょうか。

しかし、なかには「もう少し技術を磨いてほしい」と思うスキルもあることは間違いありません。誰でも足りないところはあるものです。そんな足りない部分を補い合う精神が夫婦には必要です。

「すぐに察する」「気が利く」「気配り上手」。こんな能力に長けているのは、**ＧＰＳ型**の妻です。ですが、いろいろなことに〝すぐに気付いてしまう〟がゆえに、苦しむことも多々あります。ですから、**ＧＰＳ型**の妻には、細かいことを見ないようにする**「鈍感力」が最も必要**なのです。

男性に比べ、女性は何事にも「敏感」です。夫のスマホの扱い方ひとつにしても、ビビッと感じるものがありますし、「オシャレに気を使うようになった」なんていうレベルの行動は、一般的な妻から見てもわかりやすく怪しい夫の行動のひとつです。

すでに妻は夫の確実な浮気の証拠を抑えていることも珍しくありません。ですが、**ＧＰＳ型**の妻の察知能力はレベルが違います。言葉に出さなくとも、常に夫の行動に目を光らせている妻は、その辺の〝人感センサー〟以上だといってもいいでしょう。

夫に「しつこい！」と言われたり、ときには手を上げられたりしながらも、車で尾行したり、スマホをチェックすることが止められない良子さん（仮名・35歳）。ある日、夫が帰宅したときに見せた〝目線〟で、いままでとは違った感覚を抱きました。

「どんな目線だったのか？」と訊いてみると、「目線が定まらなかったというか、ふとした目の動かし方に違和感があったんです」とのこと。

良子さんのような**ＧＰＳ型**の妻は、普段は見過ごしてしまいそうな何気ない細かなことまで察知してしまうため、その後に**〝いらぬ妄想〟をして自らを不安の渦へと巻き込んでしまいがちです。**自分のためにも夫のためにもある程度の**「鈍感力」が必要です。**

次に**マイペース型**の妻は、もっと**「忍耐力」を養ってほしい**と感じます。好奇心旺盛な**マイ**

ペース型なので、さまざまなことに目移りしやすいと気が付いている夫もいることでしょう。

「夫婦カウンセリング」をご希望され、ふたりで訪れた渡辺さん（仮名）夫婦。妻（42歳）の話では、「夫は、早く帰ってきても家事をまったくやってくれない」と嘆いていましたが、夫（45歳）の話を聞いてみると「料理をしようとしても、妻が冷蔵庫に入っている食材を使わせてくれない」ということなのです。妻に確認すると、「買ってある食材を使われると、自分が料理するときに作りたいものが作れなくなるから」という理由なのですが、それではせっかく夕飯を作ろうとしてくれている夫も手が出せません。

夫が困っていることはそれだけではありませんでした。「趣味が多いのはいいのですが、道具を買っても3日ともたずに、別のことへの興味が湧いてしまうので、お金ばかり掛かってしょうがない」と言うのです。

気分がコロコロ変わって、忍耐力に欠けることは妻本人も自覚済みです。忍耐力を養うために通いはじめた「書道教室」は、2カ月間もったそうですが、教室は月に2回だったということから、合計たったの4回ということです。

また、妻が観たいと言っていたＤＶＤを借りてきて一緒に見はじめても、ほとんど妻は最後まで見終えたことがないそうです。ところが、夫がＤＶＤを返却したのを知ると、「明日見るつもりだったのに」と怒りだすそうなのです。

では**上司型**の妻はどうでしょうか？

上司型の妻にとって必要なこと、それは**「共感力」を高めること**です。普段の会話で、「でも」とか「だから」という言葉を頻繁に使いがちな**上司型**の妻は、まずは第一声を肯定的な言葉にするだけでも、場の雰囲気が柔らかくなるでしょう。

「うん、うん」「そう、そう！」などの相槌を打つだけでも相手に与える印象は違ってきますし、「おもしろい」「知らなかった」「すごい！」と合いの手を入れることで、会話の深みも増すので、ふたりの関係も深まりやすいのです。

ただ、普段から使い慣れている言葉を変えることは、なかなかそう簡単にいかないのが現実かもしれません。

夫はそんな妻に共感力を身に付けることや、ポジティブな言葉を使うことの重要性を懇々と語りたくなるかもしれませんが、**上司型**の妻は人から指図されることが大キライなので、〝言い方〟に工夫が必要でしょう。

たとえば「君は〜したほうがいい」と欠点を指摘するような言い方ではなく、「〜したほうが、もっと君の良さが引き立つと僕は思うよ」という言い方のほうが断然受け入れてもらいやすくなります。

最後に**暴発型**の妻ですが、**暴発型**の妻が必要なスキルは、なんといっても**「抑止力」**でしょう。いくら暴力的な妻でも、人前で殴る蹴るなどの暴力行為をしたという話は、いままでもあまり聞いたことがありません。つまり、人前では「理性を保てている」ということになります。

ということは、妻本人が「本気で変わりたい」と思えさえすれば、本人の努力と家族の協力次第で必ず変わることができるはずなのです。

そのために夫ができることは何でしょう？

妻のストレスの風船がパンパンに膨れ上がる前に〝ガス抜き〟を手助けしてあげることです。たとえば、妻が自由になれる時間を積極的につくってあげるとか、家族旅行を計画してみるとか。貴方の妻が喜びそうなことはどんなことなのか考えてみましょう。

人付き合い・人間関係

○ GPS型妻は、誰とでも付き合う

○ マイペース型妻は、自分が気に入った人と付き合う

○ 上司型妻は、自分を肯定してくれる人と付き合う

○ 暴発型妻は、表面的に付き合う

ちょっと〝クセ〟がある**ＧＰＳ型**、**マイペース型**、**上司型**、**暴発型**の妻たちですが、**人との付き合い方にも、それぞれ違った〝クセ〟があります。**

妻の交友関係に対して「もっと〝普通〟に付き合えばいいのに」と感じている夫も少なくないはずです。でも、こうすることしかできないのが彼女らの「交友関係」なのです。妻の人付き合いや人間関係を理解することで、いままで気付かなかった〝人となり〟が見えてくることでしょう。

「あの人は、押しが強くて疲れる」「この人は、傷つくことばかり言う」と、夫に愚痴を言いながらも、結局はその人と食事に行ったり、イベントに行ったりして付き合いを止められないのが**ＧＰＳ型**の妻です。

幼い頃に、母親からの愛情を感じることができなかったり、受け止めることができなかったりした**ＧＰＳ型**の妻は、なによりも、**「人から嫌われたくない」**という思いが強い傾向にあります。つまり、言い方を変えると**「誰からも愛されたい」**のです。

そのため、「自分とは合わない」「一緒にいたくない」「嫌い」というようなネガティブな感情を認識していても、その感情に蓋をしてしまいがちです。

自分の正直な気持ちを偽り、我慢して誰とでも上手く付き合っていこうとするため、人間関係に対するストレスレベルは自然と高くなっていき、不満も増していきます。

そんなタイプの妻に「イヤなら付き合わなければいい」と、簡単に片付けようとする夫もいますが、人が思うほど簡単に解決できる問題ではありません。


その点、自分の気持ちに迷いがないのが**マイペース型**の妻です。人から見て、どんなに「いい人」だとしても、直感的に自分が「ダメだ」と思ったら、もうダメなのです。その逆も然り。人がいくら「この人と付き合うのは、やめておいたほうがいい」と助言しても、**自分が「いい」と思ったら、自己をさらけ出してまで付き合ってしまう**のが、**マイペース型**の妻です。

ですから、失敗も少なくありません。言い換えれば「純粋」なので、人を信じやすく、騙されやすいという特徴がある人が多いのですが、本人は騙されたことにも気付かなかったりします。

何ごとにも**理屈ではなくて「直感」で生きている**マイペース型は、まさにジェットコースターのように激しい人生なのですが、本人はあまり自覚していないのも特徴的です。


いっぽう、**上司型**の妻の「人との付き合い方」も、独特です。自分自身は、指図したり指摘したり意見を押しつけたりしがちなのに、人から同じことをされると異常なほど抵抗感を抱くのです。また、**マイペース型**の妻が失敗を〝ものともしない〟のに対して、**上司型**の妻は**失敗することへの恐怖心が人一倍強い**という特徴もあります。

幼い頃から優秀で「いい子」だった**上司型**は、大人になったいまでも「できる子」でいたいのです。このため、自分のことを「正しい」と認め、**肯定してくれる人で身の回りを固める傾向があります。**

更に、**上司型**は**「頑張らない人」が大嫌いです。**自分自身が、いままで「頑張ってきた人」であり、現在も「頑張っている」という思いが強いため、いい加減な人を見ると、つい説教したくなってしまうのです。

自分と意見が異なる人や、良かれと思って助言してくれる人でも、**上司型**は〝敵〟だと受け止めやすいので、意見する側は細心の注意が必要です。

女性は男性に比べ、思ったことや感じたことを素早く言語化する能力に長けています。しかし、**暴発型**の妻は、**自分の心情を言葉で表現することが苦手です。**そのため、人とのコミュニケーションを苦痛に感じている人も多く、**友達も少ない**人が目立ちます。

ところで、貴方がイメージする**暴発型**の妻はどんな女性でしょうか？　体格がよく、腕っぷしの強そうな女性を思い浮かべる人が多いのですが、私がいままで見たり聞いたりした**暴発型**の妻は、見た目が美しかったり小柄だったりして、一般的に見たら「暴力」とは無縁そうな印象の女性も少なくありません。そのため、人との交流がまったくないわけではありません。

ただ、**暴発型**は性格上、**人からの好意を素直に受け取れなかったり、何か裏があるんじゃないかと勘ぐってしまったりする傾向が強い**ため、人と深く関わることができない人が多いのです。

また、自ら交友関係をシャットアウトしてしまうので、付き合いが浅くなり、結果的に表面的な人間関係しか構築することができません。

自分でも、なんとなく「生きづらさ」のようなも

上司型　　GPS型

のは感じているのです。

さて、それぞれに特徴のある「人付き合い」ですが、実際に家族である貴方としてはどんな印象を持ったでしょうか？　お伝えした印象と、自宅での印象にギャップがあると感じた人もいるかもしれません。

実は、**内と外でのギャップが激しい妻ほど、心を許した家族の前でのモラハラ発言や行動が頻繁になりやすい傾向があります。**人は心理的な距離の近い人に、〝素〟の自分をさらけ出しストレスをぶつけるからです。

妻の言動に問題があると感じた場合は、家庭以外での妻のストレスレベルが高くなっていることも考えられます。

理不尽な被害を受けないためにも早急にガス抜きを計画したほうがいいかもしれません。

暴発型　　マイペース型

リアクション

○GPS型妻は、リアクションが女優なみ

○マイペース型妻は、リアクションがアッサリ

○上司型妻は、リアクションが質問形

○暴発型妻は、リアクションが極端

男性は、女性のリアクションひとつで、その日の「やる気」が左右されるくらい単純な生き物といってもいいかもしれません。喜怒哀楽が激しい人、わかりやすい人、わかりにくい人、世の中にはさまざまな女性がいます。貴方の妻は、どんな表現方法で喜怒哀楽を表しているのでしょう。それを知ることで、**「期待に添えなかった」とムダに落ち込んだり、「思わぬ答えが返ってきた」と怒ったりせずに、寛大な気持ちで妻を見守ることができるでしょう。**

たとえば、妻が以前から欲しがっていた物を、ある日貴方が「誕生日でもないのに」買って帰ってきたとします。当然貴方は、妻が喜ぶ顔を想像し「ありがとう」と言われることを期待しているでしょう。

しかし、そんな期待をアッサリ裏切ってくれるのが**上司型**の妻です。

上司型妻「何それ？」
夫「君が、前から欲しいって言ってた◎◎のバッグ」
上司型妻「なんで今日買ってきたの？」
夫「えっ？『欲しい』って言ってたなぁ〜と思い出したから」

上司型妻「どうして今日思い出したの？」
夫「え、なんとなく」
上司型妻「で、そのお金はどうしたの？」
夫「貯めていた小遣いから出したよ」
上司型妻「ふ〜ん……貯めてたんだ」

感じたままに喜べばいいものを、**なかなか素直に感情を表現できない**のが**上司型**の妻です。「嬉しい」と思っているときにかぎらず、「怒り」「悲しみ」「楽しさ」を感じるときにも、素直に感情を表現するよりも先に、つい夫に「どうして私が怒っているのかわかる？」というような**質問形でのコミュニケーションをとってしまいがちです。**

質問形のコミュニケーションは、相手の思惑を探ったり、考え方を確認したりすることや、自分の感情を整理するための時間稼ぎとして使われることもあります。自分の不安や思っていることに注目してほしいという意味も込められていますが、管理することが大好きな**上司型**は、ただ単に「すべてを把握しておきたい」という思いだけで、自然と質問形になってしまうと考えられます。

いっぽうで、**「女優か!?」と、こちらが期待した以上に反応してくれる**のが**GPS型**の妻です。夫に「愛されていないのかも」と自信を失いかけていた**GPS型**の妻にとって、サプライズのプレゼントをもらえることは、これ以上ない喜びなのです。

「えーー！　私が欲しいものを覚えていてくれたの!?」と言って感激するあまり、涙ぐんだりするのが**GPS型**です。夫にとっては、最も嬉しいリアクションではないでしょうか。

しかし、悲しいときに激しく叫びながら泣き崩れたり、怒ったときに映画の中の〝サイコパス〟のように冷淡な微笑みを浮かべてみたり、「劇場型」になるのも**GPS型**の妻です。

「夫を失いたくない」という強い思いが、ときに常識的な判断を狂わせ猟奇的な行動を生んでしまうこともあるのです。

そんな**GPS型**の妻に比べて、**実にアッサリ、サッパリしている**のが**マイペース型**の妻です。

マイペース型の妻の感動表現は、〝一瞬〟です。どんなに夫が準備期間をかけたサプライズや、心をこめたプレゼントであったとしても、**自分の〝そのとき〟の感情に正直に応えることしかできない**のが**マイペース型**の妻なのです。

夫「これ、君が前から欲しいって言ってた◎◎のバッグ！」

マイペース型妻「え～！　ホントに⁉　ありがとう！」
夫「うん（照）。あ、そのバッグなんだけどね、色が……」
マイペース型妻「あ、ところで今週の運動会、あなた来れるでしょ？」
夫「⁉」「あ、うん…」
マイペース型妻「A（娘）も楽しみにしてるからお願いね！」
夫「……」

「え？　バッグの話、それでおしまい？」と思ってしまう夫の気持ちもわかります。でも、〝我が道を行く〟**マイペース型**の妻ですから、このようなアッサリ感を「想定内」としておくことで夫のモチベーションも維持できます。

「いますぐ返品してきて！」。こんなふうに怒り口調で、夫のサプライズや優しさを台無しにしてしまうのが**暴発型**の妻です。時には「無視」することもありますが、内心とても喜んでいたりもします。感情の表れ方が極端で、反発したかと思ったら、しおらしさを覗かせてみたり……。これが、**不安定な感情を抱く暴発型**の妻のリアクションなのです。

マイペース型

上司型

GPS型

暴発型

子どもへの思い

○ GPS型妻は、
「味方になってほしい」と思っている

○ マイペース型妻は、
「自由にすればいい」と思っている

○ 上司型妻は、
「理想通りになってほしい」と思っている

○ 暴発型妻は、
「夫のようにならないで」と思っている

夫には、素っ気なく冷たい妻でも、**「子ども」への思いは貴方が思うのと同じくらい、もしくはそれ以上のものがあります。**しかし、その「思い方」はさまざまで、その思いの方向によって、子どもの育て方も違ってくるし、結果的に子どもの性格も変わってくるのです。

貴方は、子育てに関する思いを妻と共有できていますか？

また、妻の子どもへの思いを認識していますか？

子どもへの思いを共有することで、父親としての「役割」を見つけやすくなります。

GPS型の妻には、夫に愛されている実感がなかったり、大切にされていないと感じていたりする女性が多くいます。なかには、夫の愛を取り戻そうとして「嫉妬」に心を支配されてしまう人もいて、余計に夫の心を遠ざけてしまうという悪循環に陥ってしまうことも起こりがちです。

GPS型の妻が、なぜ夫の「監視」にこだわるのかというと、「理想の家族像」を壊したくないからです。いままで家族のために我慢してきたことや、諦めてきたことを、夫の勝手な心変わりによって破壊されることは、妻にとって許されざることなのです。

そして、「信じたい」とは思うものの、心のどこかで、「夫が理想の家族像を壊してしまうのではないか」という今後の不安とも闘っています。そんななか、唯一最後まで信用できるのが

「子ども」です。子どもを自分の味方に付けておくことは、**ＧＰＳ型**の妻にとって、**いざというときに支えになってくれる「保険」なのです。**

そのため、**ＧＰＳ型**の妻のなかには、「自分が、どれだけ大変な目に遭っているか」ということや「夫に浮気をされた、かわいそうな母親」ということを、**子どもに話して聞かせる妻も実際にいるのです。**

目的は違えど、子どもに「話して聞かせる」という意味では、**暴発型**の妻も、似たような行動にでる場合があります。

たいがいの**暴発型**の妻は、夫に大きな不満を抱いています。なかには、夫の何もかもが「嫌い」「許せない」「見るのもイヤ」という、「だったら、離婚すればいいのに」と、つい言いたくなってしまうようなケースや、怨念のような感情をもっている人もいます。

そんな**暴発型**の妻は、子どもに

「お父さんのような大人になってはダメよ」

「お父さんみたいな男の人と結婚したら不幸になる」

ということを吹聴する人もいるから困ったものです。

しかし、子どもはしっかり見ています。本当にダメな父親なのか、真面目で誠実な優しい父親なのかを。

そして、**上司型**の妻は、子どもに**「自分の理想通りになってほしい」という思いを強く抱いている**人が少なくありません。親なら、そう願うのもわからなくもないですが、**上司型**はその思いがあまりにも強すぎるため**過干渉になりやすい傾向がある**のです。

また、「失敗」をネガティブに捉えているため、子どもに対しても「失敗してはいけない」という教えになってしまいがちです。そのため、「それは～だから、こっちにしなさい」「忘れ物はない？　～持った？」「～をしたらいけません」など……。口と手を出しすぎてしまうと、子どもの自主性は育ちませんし、将来的に心理面にも悪影響を及ぼす可能性もあります。

いっぽう**マイペース型**の妻の子どもへの思いは、**上司型**の妻とは真逆といっていいでしょう。「放任主義」なので、**子どもに対しても「自由にすればいい」という考え方です。**

「信頼して見守る」というスタンスならいいのですが、あまりにも自分のことだけしか見えていない妻の場合、ただの「放ったらかし」になってしまうこともあるので注意が必要です。

以前、子育てが一段落した妻が、「これから私は、好きなことをして生きていく」と言って、子どもも夫もおいて、ひとり海外へ旅立ってしまったことがありました。それまでも、家族旅行中にひとりで別行動をして家族やガイドさんを困らせてしまうような〝自由〟な妻だったようですが、子どもや夫だけでなく、自分が生まれ育った日本にも未練を残さずに、アッサリと出て行ってしまう妻に家族は振り回されて動揺するばかりです。

このように**マイペース型**の妻は、自分が「いい」と信じたことに、のめり込みやすい性質があり、突然ぶっ飛んだ行動に出ることがありますのでご注意ください。

自分に対する妻からの攻撃には耐えられても、子どもに悪影響を及ぼすことには我慢できないという人は多いかもしれません。実際に、子どもの躾や教育方針の違いで対立している夫婦が年に10組以上相談に訪れます。

考え方が正反対で、お互い譲れない人たちです。そのような人たちがみな、見失っていることがあります。それは、**子どもを思う気持ちはふたりとも一緒だということです。**つまり、目指すところは、子どもの幸せであり、夫婦の目的は一致しているのです。そこに気が付くことができれば、もっと柔軟に意見のすり合わせができるようになるでしょう。

マイペース型

上司型

GPS型

暴発型

夫への願い

○
GPS型妻は、
「ウソをつかないでほしい」と思っている

○
マイペース型妻は、
「束縛しないでほしい」と思っている

○
上司型妻は、
「私のルールに従ってほしい」と思っている

○
暴発型妻は、
「逃げないでほしい」と思っている

夫は妻に比べて、「夫婦の危機」に疎い傾向があります。毎日カウンセリングをしていると、この違いがはっきりとわかります。

それもそのはず、これは脳科学的にも証明されていることなのです。

脳の中央には、右脳と左脳を連携させる〝脳梁《のうりょう》〟という器官があります。これは、右脳と左脳の脳神経細胞をつなぐ神経繊維の束で、脳の情報処理器官として重要な役割を担っています。この脳梁は、男性よりも女性のほうが、約20％太いのだそうです。

つまり女性は、右脳と左脳の連携が良く、目の前の小さな変化を見逃さない脳のつくりになっており、男性は右脳と左脳の連携が良いとはいえないため、目の前の変化には疎いという特徴があるのです。

「だから、妻がほんの数センチ髪を切ったくらいではわからないわけだ！」と安堵している場合ではありません。そのような**脳の特徴を知ることで、夫婦間の「ノンバーバルコミュニケーション」（非言語コミュニケーション）を上手くキャッチすることができる**はずです。

さっそくですが、妻が貴方へ日頃から願っているのは、どんなことだと思いますか？

女性は往々にして「ウソ」に関しては厳しいジャッジを下します。女性の私から見ても「こんな些細なことで!?」と思ってしまうちょっとした〝言葉のあや〟でも見逃してくれない妻もいますが、そのような妻の多くがGPS型です。

GPS型の妻が夫に願っていること、それは**ウソをつかないでほしい**ということです。

警察の〝取り調べ〟のような質問攻撃、ある時には「香水の匂いがする」など鋭い突っ込みや、洗濯機に無造作に放り投げた下着をチェックするというぞっとする行動は、夫の何もかもが信じられないからです。ほとんどの場合、過去の夫の行いで辛い思いをしたり、本人が「裏切られた」と感じたりする経験をした場合に、それまで穏やかだった妻が、GPS型へと豹変する傾向があります。

GPS型の妻のなかには、なによりも結婚や家庭を持つことへの憧れが強く、「結婚して幸せな家庭を築くことが私の使命」とまで思っている女性が少なくありません。

両親が不仲だったり、きょうだいで比較されながら育ち、嫌な思い出しかない人もいます。そのような人たちのなかには「家族」や「家庭」というものに絶望感を抱いたままの人もいますし、GPS型の妻のように結婚し、イチから理想の家族をつくり直そうと必死に〝幸せ〟を追い求める人もいます。過去に経験した疎外感や孤独を二度と味わいたくないという思いから少しでも自分を不安にさせたことがある夫は監視の対象となるのです。

そして、夫婦間の隠し事は、**GPS型**の妻にとって何よりも「ありえないこと」であり、夫のウソにはものすごく敏感です。


いっぽう**マイペース型**の妻は、夫から束縛されるような言動を最も嫌う傾向があります。**マイペース型**の妻は、**夫に「束縛しないでほしい」と願っています。マイペース型**の妻が夫に対して〝束縛〟と感じる言動は、友達との交流を制限するとか、そんなわかりやすいことではありません。「今度の休日に、うちの親が来るって言ってたよ」という夫にとって何気ない報告のつもりでも**マイペース型**の妻にとっては〝束縛〟なのです。

なにせ、「夫のものは私のもの、私のものも私のもの」という、ドラえもんに登場するジャイアン的要素を備え持つ**マイペース型**の妻ですから……。〝オレ様主義〟ならぬ、ここでは「わたくし主義」とでも言いましょうか。

「わたくし主義」の**マイペース型**は、「指図されたくない」「自由にやらせてほしい」**「でも困ったときは、すぐに助けてほしい」**という理不尽な発想が基本なのです。

上司型の妻は、夫に**「私のルールに従ってほしい」と願っています。**夫から言わせれば、実にワガママな言い分です。でも、**上司型**の妻にとって、たとえそれが親が敷いたレールであったとしても、「いまの自分が存在するのは、自分が正しい道を進んできたから」という自負があるため「自分が正しい」という思い込みが捨てられないのです。

妻が、完璧な家事の手順を夫に求めたり、自分の意見をゴリ押ししたりするのは正しいと思うことを他人にも肯定してもらい安心や安らぎを確保するための自己防衛なのです。

以前に相談を受けた、少し病的とも思える例をご紹介しましょう。妻、美香さん（仮名・38歳）が夫の智さん（仮名・40歳）に課したルール、それは、毎日のお風呂掃除を天井までピカピカに仕上げることと、夫は妻に意見してはいけないという、まるで人間であることを無視したようなルール。智さんが妻との今後を考え直したいと思うのも無理はありません。

暴発型の妻は、夫に**「逃げないでほしい」と願っています。**人格を否定するような暴言を吐いたり、暴力を振るったりするのに「逃げないでほしい」とは、いささか勝手すぎますが、それが**暴発型**の妻の真意なのです。

「オマエは、気がちっせーんだよ！」「言われたこともできねーのか！」と、まるでどこかの暴力団組員が家庭内にいるような状況ですから、それほど気が小さくない夫でも、後先のことを考えると反発する気力を失ってしまいます。

席を立っても、立たなくても、どっちにせよ「おい！　そうやって逃げる気か？」と、低い声で迫ってくるので始末に負えません。暴発型の妻は夫の〝逃げるような言動〟に強い憤りを覚えるようです。

とりあえず、言い訳をしたり反抗したりすることだけはしないように細心の注意を払いながら、嵐が過ぎるのを待つしかないというのが現状のようです。

「言ってもわかってくれない」という思いが強い妻ほど、キツくあたってしまったり、モラハラ的な言動で夫を悩ませる傾向が強いようです。嫌味や文句ではなく、もっとシンプルにお願いしたり伝えたりすればいいだけなのに、それができない妻のなんと多いことか……。

いがみ合ったり罵り合ったりすることは、大切なエネルギーを消耗するだけです。だからといって、妻の言うことを無視するのはＮＧ！　なんの解決にもなりません。

まずはお互いに「何を求めているのか」を理解することからはじめましょう。

夫婦とは？

○ GPS型妻は、「一生添い遂げるもの」だと思っている

○ マイペース型妻は、「夫が妻に尽くすもの」だと思っている

○ 上司型妻は、「対等であるもの」だと思っている

○ 暴発型妻は、「夫が黙って耐えるもの」だと思っている

「夫婦」ってなんでしょう……。もしかして、貴方も一度くらいは自分自身に問いかけてみたことがあるかもしれません。

夫婦なのに、「夫婦とは?」の答えが一致していない夫婦は珍しくありません。大事なのは、答えを一致させることではなく、相手が考える「夫婦観」に対して、理解を示してあげることなのです。

妻が、どのような「夫婦観」や「結婚観」をもっているのかということを知るだけでも、今後の方向性を探る道筋になるのではないでしょうか。

「病めるときも、健やかなるときも、富めるときも、貧しきときも、互いに愛し、敬い、慈しむのが〝夫婦〟でしょ?」と、誰も反論できない言葉を口にし、「だって、**夫婦って一生添い遂げるものだから……**」と、真顔で言い切ってしまうのが**GPS型**の妻です。

「将来の夢は?」と訊かれ、「お嫁さんになること」と当たり前のように答えていた幼少時代。そんな**GPS型**の妻は、夫に尽くすことが女に生まれた幸せの証であると信じています。

そう。**GPS型**の妻こそ、良妻賢母を求める夫には、ピッタリなタイプといえるでしょう。

ただし、夫も〝良夫賢父〟であることを求められるのは避けられないと思ってください。

GPS型は、他のタイプの妻と比べて、**自分が思い描いた理想の「夫婦像」や「家族像」への思い入れが最も強い**です。その愛が、「重い」と感じてしまう夫もいることでしょう。ですが、貴方さえ家族に対して誠実に接していれば、妻からの監視攻撃を受けることはありません。

それに引き換え**マイペース型**の妻は、**GPS型**の妻とは逆で**「夫婦ってものは、夫が妻に尽くすもの！」という価値観**です。かいがいしく尽くしてみたと思ったら翌日には素っ気ない態度……なんていうのも**マイペース型**の妻の特徴です。「夫のものは私のもの、私のものも私のもの」というジャイアン的思考ですから仕方がありません。

また、女王様扱いしていれば機嫌がいい**マイペース型**の妻ですが、夫が完全に自分に興味をなくしてしまうことには耐えられません。そのため、本気で呆れられたり、怒られたりされそうな場合は、本能的に空気感を察知し、絶妙なさじ加減で夫を操ることもします。いわゆる、「ツンデレ作戦」です。

貴方も、知らず知らずのうちに**マイペース型**の妻の思うツボになっているかもしれません。

夫婦は互いに対等であり、どちらか一方が「偉い」とか「偉くない」とか、そんな上下関係があってはいけないと主張し、**対等な関係にこだわる**のが**上司型**の妻です。言っていることは、まさに正論なので、夫は太刀打ちできません。

とはいっても、「家庭での夫の役割、妻の役割というものがあるだろう」と反論してみるものの、「何が言いたいわけ？　家事は妻がやって当然だとでも言いたいの？」と、また面倒な話になったりするのです。

上司型の妻にとって、夫婦というものは「夫と妻」とか「男と女」という認識ではなく、「パートナー」という認識です。なので、仕事も家事も育児も、すべてにおいての「対等」を求めるのです。

この「対等」という関係性ですが、社会では一般的で、うまく活用されていますが、夫婦間において認識はまだまだ低いのが現状です。**上司型**の妻は、この「対等」に特にこだわる傾向がありますが、本来どんなタイプの妻との関係も、夫婦は対等であるべきだという考え方にシフトしていくほうが良好な関係を保つことができるでしょう。

そして、夫婦は、添い遂げるとか、尽くすとか、対等ではなくて**「夫が黙って耐えるもんでしょ！」と思っている**のが**暴発型**の妻です。

暴発型の妻の、怒りを爆発させる大きな理由のひとつが、「夫の収入への不満」である場合は実は少なくありません。一般的な家庭よりも平均年収が低い夫に「こんなに少ない給料でエラそうにしてんじゃねーよ！」などと暴言を浴びせ、頭を小突いたりする妻は珍しくないのです。

また、十分な収入があっても、妻から頼まれたことをうっかり忘れてしまったために、爪で引っ掻かれたり、蹴飛ばされたりなどの暴力行為を受けた夫もいました。

このような被害に遭いやすい夫は、性格が比較的おとなしく優しい人だったり、責任感が強かったりする人がほとんどです。そして、そのような状況にもかかわらず、ほとんどの夫が抵抗せずに黙って殴られっぱなしの状態だということにも胸が痛みます。

夫が無抵抗でいることには理由があります。やたらに殴り返したりすれば、逆に妻から「暴力を振るわれた！」と騒がれ、〝DV夫〟にでっち上げられてしまう可能性もあるからです。また、言い訳をしたり抵抗したりすると、余計に妻の暴力に拍車がかかるからです。

「本当は妻と別れたいけれど、子どもは当然妻が連れて行くでしょうから別れたくても行動に移せない」と離婚したくてもできない苦しい胸中を明かす男性も大勢見てきました。

マイペース型

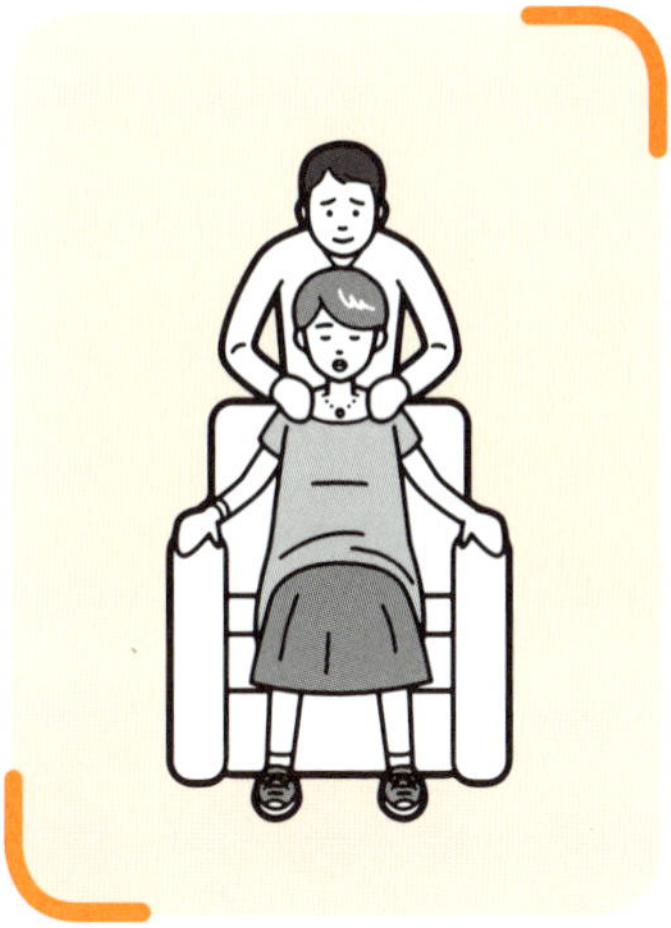

上司型

GPS型

暴発型

理不尽になるとき

○ GPS型妻は、子どもを守るために理不尽になる

○ マイペース型妻は、アイデンティティーを守るために理不尽になる

○ 上司型妻は、親を守るために理不尽になる

○ 暴発型妻は、いつも理不尽

世の中、理不尽だらけです。仕事では、上司やお客さんに意味もなく怒鳴られ、満員電車では触れてもいない女性から睨まれ、たまに早く家に帰れば「なんでこんなに早く帰ってきたの⁉」と妻に責められる……。

そんな悩める夫たちに、せめて自分の**妻が、理不尽なことを言いだす状況くらいは知っておいていただきたい**のです。そうすることで、攻撃を防御することができるかもしれないし、そうでなければ〝心の準備〟くらいはできるかもしれません。

GPS型の妻の場合、元々の気質や性格による執念深さもありますが、夫を監視するまでに暴走してしまうキッカケは、ウソや浮気を繰り返してきた結果……という話は前にもお伝えしました。

夫を信じることができなくなってしまった妻は、往々にして〝子ども〟に執着するようになります。本当は、夫から愛されたいのに、それが叶わないと諦めたとき、妻は子どもを溺愛しはじめるのです。そうなったら、もう誰にも止められません。**GPS型**の妻は、**子どもを守るために理不尽になります。**

夫が風邪など引いたときには、子どもにうつらないように必死の防御戦がはじまります。「貴方は寝室には入らないで、ソファーで寝て」と、子どものためなら病人でもお構いなしの理不尽さです。

実は、そんな妻は学校や教師に対して理不尽な要求をする親「モンスター・ペアレント」(通称モンペ)になりやすい傾向があります。

「うちの子が、〝先生のことが苦手〟だと言っているので、担任を代えてもらえませんか」というようなことを、当然のことのように学校に連絡したりするので、妻が暴走しないよう、むしろ夫が妻を〝監視〟したほうがいいかもしれません。

マイペース型の妻は、気まぐれだったり、忍耐力がなかったり、一見「生き方」や「考え方」がブレているように感じる人もいるかもしれませんが、実は「アイデンティティー」を確立している人が多いのです。アイデンティティーとは、「主体性」のこと。わかりやすくいうと**「自分らしさ」**のようなものです。

つまり、「アイデンティティーを確立している」ということは、「自分が何者なのか」ということを認識し、理解しているということです。

人の意見に左右されず、自分の直感と本能で生きている**マイペース型**は、そういった意味でも他のどのタイプの妻よりもアイデンティティーを確立しているといっていいでしょう。

ただ、**マイペース型**の妻は、根拠のない自信に満ち溢れている人も多いため、独りよがりになりやすく、〝ゆがんだ〟アイデンティティーになってしまうこともあります。

たとえば、「私は夫から愛されるべき人間なのだから、何をやっても許される」というような、極端なアイデンティティーを確立してしまうことがあるということです。

このように、**マイペース型**は「自己」にこだわりやすいので、**そのアイデンティティーを守るために理不尽な言動をとってしまいがち**なのです。

また、「アイデンティティーの確立」と対立の概念として「アイデンティティーの拡散」があります。たとえば「やりたいことがない」「本当の自分を出せない」「自分を好きになれない」、こんな状態の人は、アイデンティティーが〝拡散〟している可能性が高いのです。

いっぽう**上司型**の妻は、**「親」を守るために理不尽になりやすい**傾向があります。

上司型にとって、親（特に母親）の存在は特別なのです。幼い頃から親の言い付けを守り、「いい子」に徹してきた**上司型**は、言い方を変えれば「自分の意思を貫く」ことをしてこなかったといえます。

なかには、子どもを自分の思いどおりに支配しようとしたり、執着したり、過度な干渉をするいわゆる「毒母」といわれるような母親に育てられ、母親から離れたいと自分で思っていても、なかなか精神的に離れられずに苦しんでいる人もいます。

潜在意識では、親を肯定できなかったり、憎んでいたりするのに、そのような感情に本人が気付いていないことも多く、「親を嫌いだなんて思ってはいけない」と、必死に「いい子」でいつづけようとするのです。たとえ、夫が難色を示したとしても、親のワガママや甘えに応えてあげることが優先である**上司型**の妻は、その親を守るために、どんな理不尽なことでもするのです。

そして、残念ですが**暴発型**の妻は、**夫に対していつも理不尽です。**イビキがうるさいと言って、寝ている夫の顔を、グーで数発殴りつけた妻もいました。寝言で知り合いの女性の名前を口にしたとして、叩き起こされてそのまま家から追い出された夫もいます。

暴発型の妻が理不尽になるときは、起きているときのみならず、寝ているときでも容赦無く実行されるので油断できません。当然ですが、命の危険を感じたら迷わず逃げるか警察を呼ぶなどしてください。

モラハラ度チェックシート

家庭での居心地はいいですか？　貴方の居場所はありますか？　心身に異常はありませんか？　目をそらさずに、心の叫びに耳を傾けてみましょう。妻がモラハラだったらすぐに専門家にご相談ください。

- □ 都合が悪いことは、なんでも人のせいにしたり、環境のせいにしたりして被害者アピールをする。
- □ 自分を怒らせる「あなたが悪い」というスタンス。
- □ 外面がいい。
- □ いつも命令口調。
- □ 相手に決断させて、その結果が悪ければ相手のせいにして責める。人を見下す。
- □ 自分よりも、肩書きが上だと思う人には媚びへつらう。
- □ 「説教」や「ダメ出し」をして、相手の自尊心をズタズタにする。
- □ 友達関係や親戚の前で恥をかかせるようなことを平気で言う。
- □ 怒りの原因に一貫性がないため、何かをしてもしなくても同じように怒る。
- □ 気にいらないことがあると無視をして相手を不安にさせる。
- □ 大きな声を出して威嚇したり、物に当たったりする。
- □ 両親のどちらかが、モラハラっぽい。
- □ 急に優しくなることがある。
- □ 話し合いをしても、問題をすり替えてしまう。
- □ 人を褒めたり、認めたりしない。
- □ 子どもがいる前でも夫の人格を否定するようなことを言う。
- □ 自分と子どもにはお金をかけるが、夫にはケチ。

- ☑ 0 ▸ モラハラではありません。
- ☑ 1～3 ▸ モラハラとはいえませんが、かなりキツイ性格です。
- ☑ 4～8 ▸ モラハラ予備軍の可能性あり。
- ☑ 9～13 ▸ ほぼモラハラといえます。
- ☑ 14～17 ▸ 確実にモラハラといえます。

義理の両親との付き合い方

○GPS型妻は、嫌われないように付き合う

○マイペース型妻は、適当に付き合う

○上司型妻は、形だけ付き合う

○暴発型妻は、付き合わない

結婚している以上、必ずといっていいほど問題となってくるのが、相手方の両親や親戚との付き合い方です。「親戚とは冠婚葬祭のときくらいしか会わない」という人もいるかもしれませんが、義理の両親とはそうもいかないのが「結婚」というものです。

そして、**いつの時代でも問題になるのが「嫁姑問題」**。

夫の立場としては、どのような立ち位置で、どう関わったらいいのかと頭を悩ませる人も少なくありません。基本的な考え方は簡単です。夫婦関係に波風立てないようにしたければ、貴方が全面的に妻の味方になることです。

でもその前に、妻の「真意」を知っておくことは、今後の貴方と妻のコミュニケーションをスムーズにし、良好な夫婦関係を築くのに役立つはずです。

妻が**GPS型**の場合、**夫が嫁姑問題に悩まされることは、それほど多くないでしょう。**なぜなら、このタイプは「温かい家庭」や「幸せな家族」に強い憧れや理想をもっているので、表立って嫁姑問題を勃発させることは少ないからです。

GPS型の妻の基本心理は、「嫌われたくない」です。

ですから、たとえ反りが合わない**義理の両親にも「嫌われないようにうまく付き合おう」と努力します。**

たとえば、車の免許を持っていない姑に「スーパーに連れて行って」「病院まで送って」など、なにかと用事を頼まれるとき。「私だって忙しいのに」と心では思っていてもなかなか断れなかったり、笑顔で対応してしまったり……。自分の本心とは正反対の行動をとり続ける生活を送ってしまうことさえあるのです。

なので、**GPS型**の妻の夫は注視しなければいけないことがあります。それは、姑に対する妻の〝ワガママの度合い〟です。

「嫌われないようにうまく付き合おう」という気持ちが強いがゆえに、〝自分〟を押し殺してしまう可能性が大いにある**GPS型**の妻。

夫は、妻が必要以上に気を遣いすぎて我慢していないかということに気を配ってあげられるようにしてください。

同様に、**上司型**の妻も、義理の両親と「うまく付き合おう」という気持ちをもっています。

ですが、会話の内容や態度に神経を遣う**GPS型**とは異なり、**「形式を重んじる」**のが

上司型の妻です。

厳格な両親のもとで育った**上司型**の妻は、他のどのタイプよりも常識的で、ルールに忠実である傾向があります。

ですから、誕生日はもちろんのこと、父の日、母の日、敬老の日、お中元やお歳暮、さらには結婚記念日の贈り物までするほどで「いい嫁」になりきろうとするのです。

ただ、**上司型**の妻は、「言わないと気が済まない」という性質もあるので、姑との相性が合わないと、とことんぶつかる可能性があることも否めません。

夫のフォローは必須といえるでしょう。

いっぽう、義理の両親との付き合い方に、**GPS型**とも**上司型**とも違う価値観をもっているのが**マイペース型**の妻です。

そもそも、「うまく付き合おう」という意識はなく、**「適当に付き合っていれば、なんとかなるだろう」という、ゆる〜い考えです。**

姑の誕生日にプレゼントを贈る年もあれば、贈らない年もあったり、頻繁に連絡を取っていたと思ったら、パタッと音沙汰がなくなったり……。

そんな気まぐれな付き合い方をするのが**マイペース型**です。

なので、夫の実家も堅苦しくなく、姑もおおらかな人であれば、さほど問題はないでしょう。

しかし、厳格な家で、常識や礼儀にうるさい両親の場合は、嫁に対する風当たりも強くなりますので、間に立つ夫には覚悟が必要です。

そもそも妻のタイプにかかわらず、「夫の実家にはなるべく行きたくない」というのが、多くの妻の本音。

でも、**暴発型**の妻の場合、**一度でも嫌悪感を抱いたら「付き合わない」**と決めてしまう人が少なくありません。

それには、妻なりの理由があるようです。

我慢できないことがあると、夫に手を上げてしまうことも多いと自覚する奈美江さん（仮名・37歳）の場合。

「結婚式当日に義母から、私の両親がお酌しに来ないとか、親戚がうるさいとか行儀が悪いなど、いろいろ言われてから義母の顔を見るのも嫌になってしまいました」とのこと。それから5年が経つそうですが、一度も夫の実家には行っていないそうです。

両親や親戚など、自分が大切に思っている人のことを悪く言われたことで、自分が否定されたように感じてしまうことはよくあることです。奈美江さんの場合もきっとそうだったのでしょう。

また、理沙さん（仮名・40歳）の場合は、結婚してすぐに妊娠していることがわかり、その後は酷いつわりで大変な苦労をされたそうなのです。しかし、夫は理沙さんの身体を労わるどころか、「妊娠は病気じゃないでしょ」と笑いながら言ったのだとか……。

それから気持ちが不安定になり、攻撃的になっていったといいます。さらには、そんな発言をする夫を育てた両親に対しても怒りの感情が湧き起こり、いまでは理沙さんから積極的に連絡を取ることはないそうです。

奈美江さんや理沙さんが、夫の実家や姑に嫌悪感を抱いてしまった理由はそれぞれですが、一度すり込まれた嫌な経験や印象で「もう付き合わない」と決め込んでしまう頑固さや柔軟性のなさは共通しています。

キレるとき

○GPS型妻は、夫の飲み会でキレる

○マイペース型妻は、ペースを乱されるとキレる

○上司型妻は、価値観を否定されるとキレる

○暴発型妻は、突然キレる

GPS型、**マイペース型**、**上司型**、**暴発型**、どのタイプにも当てはまらない完全な「良妻賢母型」だとしても、人間であるかぎり人生一度くらいは誰でもキレるものです。
ですが、元々〝クセ〟がある4タイプの妻がキレたら恐ろしいことになるという想像はつくはず……。妻が「キレるとき」を把握しておくことで、不毛なケンカや攻撃を回避することができるのです。

GPS型の妻をおもちの男性の皆様、いくら付き合いだとはいえ、「飲み会」が頻繁になってはいませんか?

ただでさえ、貴方は妻に信用されていないのです! たとえ、本当に仕事上の飲み会だったとしても、妻の内心は「私だって、たまには家族のことを気にせず飲みに行きたい!」「自分ばっかり!」「浮気しに行くの?」などなど不安や猜疑心でいっぱいなのです。

「じゃあ、飲みに行かなければいいのか?」というと、そういう問題でもないようです。「私は仕事と家事と育児に追われ、24時間休みなしなのに、どうして貴方は私を気遣ってもくれないの?」など、**「気遣う言葉もない」「家族をないがしろにしている」**という思いからくる不満のほうが、キレる要因としては大きいのかもしれません。

「うちの妻は何も言ってこないし」と甘くみていると、大変な目にあいますよ。**GPS型**の妻は我慢強いので口には出しませんが、爆発寸前のマグマがフツフツと煮えくり返っているということをお忘れなく。

いっぽう、**マイペース型**の妻は、どんなときにキレやすいのかというと……。**自分のペースを乱されたときにキレる**妻が多いようです。そう。「自分はいつも夫のペースを乱しているのに」です。

常に自分のペースを大事にする**マイペース型**は、たとえ夫であってもその〝ペース〟を崩され、そして〝リズム〟を狂わされることを最も嫌うのです。

和彦さん（仮名・41歳）曰く、「超**マイペース型**」だという妻は、異常なほど「睡眠」にこだわりがあるそうで、特に休日の朝は妻を起こさないように細心の注意を払っているとのこと。

数年前のことです。妻よりも早く目覚めた和彦さんは、コーヒーを淹れようとキッチンに向かいましたが、いつもの場所にコーヒーがありません。「ストックがどこかにあるはずだ」と思い、収納庫の中も探しますが見つかりません。

そして、これから恐ろしいことが起こるとも知らずに、和彦さんは、妻が寝ている寝室のドアを開けてしまうのです。

夫「ねぇ、コーヒーどこにある?」

マイペース型妻「……」

夫「ねー、コーヒー買ってあったよね?」

マイペース型妻「……」

夫「コー……」

マイペース型妻「うるさーーーーい!! 勝手に起こすな! 私の睡眠時間を邪魔するな!」

と、機関銃のように怒鳴られたそうです。それからというもの和彦さんは、必要以上に神経質になって、妻が起きるまでの間、息を殺してひたすら待ち続けるのだとか。

確かに、ペースやリズムが狂うといつもの調子がでないということはあるかもしれません。ですが、ひとり暮らしでもしない限り今回のようなケースは避けられません。

上司型の妻はというと、自分の**「価値観」を否定されるとキレやすい傾向があります。**

価値観に限らず否定されるのは誰でもいい気持ちはしません。しかし、**上司型**は、「べき論」を強く主張しがちなので、「それを認めてもらえない」「受け入れてもらえない」と感じたときには、より強い怒りの感情が湧き起こりやすいのです。

他人の前では、なんとか抑えられる怒りの感情も、精神的距離が近い夫の前では制御不能となってしまうわけです。

人は誰でも多少なりの「べき論」があって当然だと思います。ですが、押し付けが強いと相手からの反発も起きやすくなりますから、その後の自分自身の感情も穏やかではいられなくなってくるのです。その結果、更に夫への〝当たり〟も強くなります。**改善するには、価値観の違いを楽しむ心の余裕を確保することです。**


暴発型の妻の場合、相談に訪れる夫が口をそろえて言うのは**「突然キレる」**ということです。〝突然〟ではなくて、妻は妻なりに理由があるのかもしれませんが、ほとんどの男性は、「いつ」「どこで」怒りのスイッチを押してしまったのかわかっていないのです。

また、いままでカウンセリングをしてきて、私が個人的に感じたことがあります。それは、**暴発型**の妻の「職業」や「環境」についてです。そこに、ある共通点があることに気が付いたのです。

暴言や無視などの精神的暴力も含めて、暴力的になってしまう妻の職業は、一般的に社会的地位が高いといわれていたり、模範的な人間であることを求められるものだったり……つまり、仕事上「公の顔」を守り続けなくてはいけない**ストレスやプレッシャーを強く感じている職業の女性が暴力的になりやすい**傾向があるということです。

もちろん、職業や環境だけでなく、それに元々の気質などが加わることで変化してくると思われます。**暴発型**の妻にとって、ストレスは思っている以上に大敵であるということです。したがって**暴発型**は、心身ともにリラックスできる環境を積極的につくったり見つけたりして、上手なストレス発散法を会得することが大事なのです。

ここまで、それぞれのタイプの妻が、どんな状況でキレやすいのかを断片的にお伝えしました。しかし、実際には妻がキレるまでの〝ストーリー〟があり、虫の居所が悪ければ理不尽にキレて貴方をウンザリさせることもあるかもしれません。

ですが、今回お伝えした「妻がキレやすいポイント」をおさえておくことで、ムダな言い争いで体力や気力を失わずに済むでしょう。

クレーム

○GPS型妻は、責任者を呼んで抗議する

○マイペース型妻は、口コミ欄に投稿する

○上司型妻は、本部に電話して抗議する

○暴発型妻は、目に付いた店員に抗議する

人間、生きていれば、スーパーで万引きをする人を目撃してしまったり、大金が入った財布を拾ったりなどいろんなことに遭遇します。そして、いろんな人が存在することも、身をもって体験することになります。

たとえば、「クレーマー」。クレーマーとは、商品の欠陥、店員の接客態度などについてしつこく苦情を言う人のこと。

もし、買った商品に欠陥があった場合、**ＧＰＳ型**、**マイペース型**、**上司型**、**暴発型**の妻たちは、それぞれどんなクレームの仕方をするのでしょう。

それを知っておくことで、人のミスへの対処の仕方や判断力を推測でき、夫である貴方へのクレームも事前に防ぐことができるかもしれません。

たとえば、妻が近所のスーパーで、今夜のおかずの一品としてお惣菜を買ったとします。夕飯時に、そのお惣菜を開封してみると、小さな〝虫〟が混入していました。

こんなとき、一番頭に血が上りやすいのが**ＧＰＳ型**の妻です。一見、おとなしそうに見える**ＧＰＳ型**の妻ですが、**大切な家族に害が及びそうなときは、心配を通り越して怒り出します。**

GPS型の妻に記憶された怒りの感情を消すことは、簡単ではありません。すぐに現物を持って、スーパーに乗り込みます。そして、お惣菜売り場の担当者に、「虫が入っていたんですよ！　すぐに〝責任者〟を呼んでください！」というような展開になりやすいでしょう。

責任者が現われるやいなや、「もう少しで、〝子ども〟が口にするところだったんですよ！　もしものことがあったらどうしてくれるんですか！」というような説教が、気がすむまで延々と続く可能性があります。

GPS型の妻が**売り場の〝責任者〟にこだわる**理由は、店内で起きたことは店内のナンバーワンに責任があり、またその責任をとるべきだという強い思いがあるからです。

暴発型の妻も、同じように頭に血が上りやすいのですが、**GPS型**の妻と違うのは、「もう少しで、〝私〟が食べてしまいそうだった」「〝私〟に、もしものことがあったらどうしてくれるんだ」という、あくまでも心配の対象が「自分」だという点。

それともうひとつは、お惣菜売り場の担当者でも、責任者でもなく、**とりあえず目に入ったスーパーの従業員に、いきなりクレームの内容を言い出してしまう**ような〝無策さ〟もあったりします。で、結局たらい回しにされて、怒り倍増……という展開にも。

暴発型の妻は、深い展開を考えずに、感情のまま行動に移してしまう傾向があります。

その点、抜かりがないのが**上司型**の妻です。勢いでスーパーに乗り込むなんていうことは決してしません。まずは、**〝本部〟に電話します。**そして、「スーパー◎◎店のお惣菜を購入したら虫が混入していました。おたくの衛生管理は、一体どのようになっているのでしょうか？」と、あくまでも冷静に、そして納得がいくまで管理責任についての説明を求めるのが**上司型**の妻のやり方です。

しかし、それで終わりじゃないのが**上司型**。後日、しっかりレシートを持参し、ことの経緯《いきさつ》を説明して返金に応じさせることも忘れません。**GPS型**の妻が、子どもへの対応について学校にクレームを言うとしたら、校長先生に抗議するのに対して、**上司型**の妻は教育委員会に直接抗議するタイプです。

さて、**マイペース型**の妻ですが……**マイペース型**の妻も、当然お惣菜の中の虫には驚きますが、他のタイプの妻たちとは違って、すぐに「クレームを言いに行こう」とは考えません。それよりも、その〝事件〟を夫に話しながら、平気で夕飯の食卓に出したりするのが**マイペー**

ス型。もちろん、〝虫〟は取り除きますが（笑）。

お惣菜に手をつけようとしない夫に、「あれ？　食べないの？　これ好きでしょ？」なんて、無神経に勧めてくるから夫はたまったものではありません。

そんな**マイペース型**の妻ですが、クレームをつけないわけではありません。食品の中に異物が混入しているなんて、あってはならないことだと思っていますし、「今度、スーパーに行ったら言ってやろう」と鼻息荒くしながら、そのときは考えています。ですが、〝忘れてしまう〟というのが現実です。

マイペース型の妻の場合、すっかり虫のことなど忘れた頃に、何かの拍子に思い出した**〝別の店へのクレーム〟を、ネットの「口コミ」に投稿してみたりする**、とんちんかんな気まぐれさがあるのです。

マイペース型

上司型

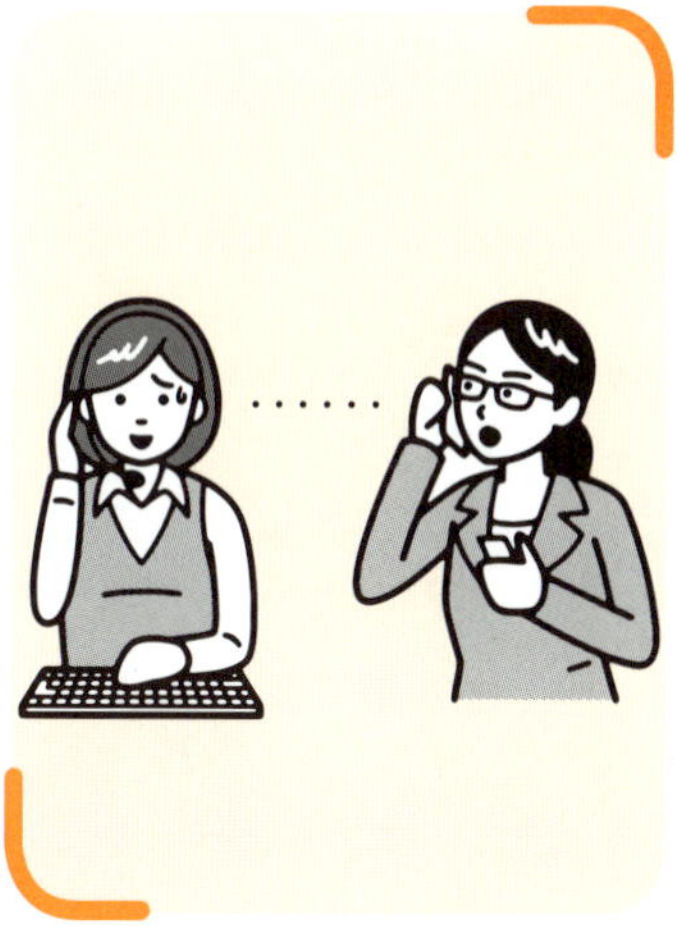

GPS型

暴発型

離婚を切り出されたら

○GPS型妻は、マイホームを死守する

○マイペース型妻は、プライドを死守する

○上司型妻は、世間体を死守する

○暴発型妻は、お金を死守する

「もう妻とはムリ。やっていけない」「離婚したい」。こんなふうに思いながらも、いまだ何も言いだせずに思い悩んでいる夫もいるかもしれませんね。

「〝離婚〟と口にしただけで、何をされるかわからないし……」と、怯えている夫のみなさんに「もし、夫が離婚を切りだしたら？」と仮定して、それぞれの妻の言動や反応をタイプ別に見ていきましょう。

離婚話がスムーズに進めば理想的ですが、現実はそう簡単ではありません。いうならば離婚は「心理戦」です。

もし貴方が、妻に離婚を迫った場合、まず妻が最初に考えるのは**「子ども」**のことです。子どもの親権や将来、精神面の不安が頭をよぎります。

そして同じように不安になるのが、今後の生活。つまり**「お金」**です。子どものことと、お金のことは、妻のタイプにかかわらず、離婚を切りだされた妻であれば全員が最初に心配する内容です。

離婚の際に、群を抜いて**「お金」にこだわり、死守しようとする**のは**暴発型**の妻です。なかには重要なポストを任され、高収入を得ている**暴発型**の妻もいますが、そのような人でも離婚となると話は別です。

「1円でも多く夫から奪ってやる」という気持ちと「1円も渡すものか」という気持ちが重なり、ものすごく殺気立つこともあります。

いままで散々暴言を吐き、暴力的だった妻ですが「自分が悪かった」と考える人は驚くほど少なく、むしろ**「自分は被害者だ」**と感じている妻がほとんどです。そのような思考ですから、簡単に離婚に応じるわけがありませんし、金銭の要求もしてきます。

夫に、暴言や暴力の証拠を握られていれば、妻の立場は不利になってくるので、慰謝料請求をされたとしても不思議ではないのですが……。

もうひとつ気を付けておきたいのは離婚話の進め方です。

言っておきますが、暴発型の妻とスムーズに離婚ができるなどという幻想を抱くのは止めておきましょう。まずは私たちのような**専門家や法律家に相談することからはじめ、場合によっては早急に別居するなど物理的に離れることも必要です。そして、調停の場で第三者を交えて話し合うことをお勧めします。**

いっぽうGPS型の妻が、夫から離婚を切りだされた場合、**死守するのは「マイホーム」です。**〝家族〟というものに思い入れが強い傾向にあるGPS型の妻は、当然、夫からの離婚話に強く抵抗するでしょう。

そして、これまで自分たち夫婦、そして子どもたちが成長してきたこの家から離れたくない、手放したくないという強いこだわりを見せる傾向があります。

千春さん（仮名・48歳）が結婚したのは20年前。その後すぐに子どもが生まれ、10年間専業主婦として家事と育児に専念してきました。ですが、その10年間は、夫の不倫や借金問題で苦労し、嫉妬や怒りで眠れない毎日を過ごしたこともあったそうです。

その後、子どもにも手が掛からなくなってきたので、千春さんは仕事に復帰します。そして、念願だったマイホームを購入して10年目。突然、夫から「離婚したい」と言われてしまうのです。

子どもが成人するのを見計らって離婚を切りだした夫。財産分与のことまでも、すでに具体的に決めており、「家は売却したい」と言ってきました。

離婚する場合、財産分与のために、家などの不動産を売却する方法で処理せざるを得ない事態になる夫婦は多くいます。ですが、千春さんは最後まで、夫が家のローンを払い続けることと、自分と子どもが住み続けることを〝条件〟に挙げ、それが叶わないならば、離婚に合意できないとこばみ続けたのです。

その後、話し合いは長引きますが、夫側にも「妻と子どもが住む家を失ってしまうのは心苦しい」という気持ちがあり、離婚後も家のローンを支払っていくことに合意し、決着したのです。

GPS型の妻と離婚するためには、**離れ離れになる家族への思いやりや誠意を示す**ことによって、スムーズに進む可能性が高くなります。

どんな妻にとっても子どもは大事ですし、お金もマイホームも大事に決まっています。ですが、**マイペース型**の妻と**上司型**の妻が、夫に離婚を切りだされた場合、妙にこだわってしまうのが、そういった**有形のものではなく「無形」のものです。**

マイペース型の妻は、**「プライド」を死守します。**「夫に愛されて当然だ」というマインドで結婚生活を送っていた**マイペース型**の妻は、自分から言い出すならまだしも、〝夫から〟離婚を突きつけられることは屈辱でしかないのです。

「どうして、この私が〝貴方から〟の離婚の要求を受け入れないといけないの？」と、この期に及んでも上から目線まっしぐらです。

マイペース型の妻に離婚に応じてもらうためには、**自分のプライドは捨て、妻のプライドを傷付けないような理由や説明が必要になってくるでしょう。**

いっぽう**上司型**の妻は、**「世間体」を死守します。**「離婚をしたら、近所の人に知られてしまう」「離婚をして苗字が変わってしまったら、職場の人たちにわかってしまう」。

このように、外では〝デキる妻〟のイメージで通っていた妻にとって、離婚することによっていままでのイメージが覆されてしまうことは、恐怖でしかないのです。

離婚をしたからといって、〝デキない妻〟になるわけではないのですが、**上司型**の妻は、周りからの評価を気にする傾向があるため、こんなふうに考えがちなのです。

上司型の妻と離婚するときは、**突発的な行動は避け、計画的に淡々と進めるほうがいい**でしょう。キャリア志向が強い**上司型**の妻が、心にストンと落ちるようなワードを散りばめるのも有効です。「お互いの〝成長〟のため」「離婚してもお互いを高め合える〝同志〟でありたい」などといった言葉です。

ウソ

○GPS型妻は、笑顔でウソをつく

○マイペース型妻は、もっともらしいウソをつく

○上司型妻は、怒りながらウソをつく

○暴発型妻は、わかりやすいウソをつく

以前見たドラマのなかで、こんなセリフがあったのを記憶している……。

「人は、善人になるためにウソをつく」。

これを聞いた私は、思わず唸り、「深い」と感じたのを思い出します。

同じ「ウソ」でも、私は3つの種類のウソがあると思っています。ひとつめは「人を守るためのウソ」、2つめは「自分を守るためのウソ」、そして3つめは「人を陥れるためのウソ」。

3つめの「人を陥れるためのウソ」は、詐欺師などの犯罪者であれば平気でつけるのでしょうが、一般的にここまで極悪非道な人とは滅多に遭遇しないかもしれません。

ですが、ひとつめ2つめの「ウソ」はどうでしょう？　夫婦間も、このどちらかのウソをついたり、つかれたりしながら成り立っているのです。

「パパ、いってらっしゃ〜い。ゴルフ楽しんできてね♪」。そう言って美保さん（仮名・35歳）は、子どもと一緒に笑顔で夫を送り出すと、すぐに電話をかけました。「もしもし、いま、夫が家を出ました」。

その1時間前……。

ＧＰＳ型妻「パパ～、今日ちょっと実家の母に呼ばれちゃったから行ってくるね」
夫「お義母さんどうかしたの？」
ＧＰＳ型妻「久しぶりに孫の顔が見たいだけみたい（ウソ）」
夫「そっか。ゆっくりしてきなよ」
ＧＰＳ型妻「うん！　ありがとう。ねぇ、せっかくだから泊まってきてもいい？（ウソ）」
夫「うん、どうぞ～。お義母さんによろしくね」

土曜日の朝の、何気ない夫婦の会話……のように聞こえるかもしれませんが、実は、「接待ゴルフ」だという夫に疑念を抱いた妻が仕掛けた〝罠〟だということを夫は知る由もありません。

事前に「浮気調査」を依頼し、この日のために綿密な計画を立てていた妻、美保さん。まずは、夫に「今日は実家に泊まる」と伝え、女に会うであろう夫を油断させておく。そして、夫を笑顔で送り出したあと、すぐに自宅前で待機している探偵に電話をし、夫が家を出たことを知らせたのです。

この計画を母親にすべて伝えていた美保さんは、その後子どもを実家に預け、自分は自宅に戻ると、探偵からの連絡をひたすら待ち続けたのでした。

そう、**GPS型**の妻は、**家族を守るために笑顔でウソをつく**のです。

そして、**GPS型**の妻とは逆に、**怒りながらウソをつく**のが**上司型**の妻です。

夫「あ、今週の土曜日、A部長にゴルフ誘われちゃったから行ってくるよ」

上司型妻「は？　その日はマンションの管理組合の会合よね？」

夫「ごめん、悪いけど代わりに出て」

上司型妻「はー？　なんで私が出なきゃいけないのよ！　あなた、役員でしょ！」

夫「そんなこと言ったって、大事なゴルフなんだよ」

上司型妻「大事なゴルフだったら、事前に相談しなさいよ！　私、その日に仕事入れちゃったからムリ！（ウソ）」

夫「え、そんな話聞いてないよ」

上司型妻「言わなかっただけよ！　私がいないと進まない仕事があるから（ウソ）、あなた会合は自分で責任とってよね！」

こんな感じで**上司型**の妻は、無計画で無責任な夫の言動に直面すると、怒りに任せてウソが飛び出すのです。**上司型**の妻は**自分の〝価値観に忠実でいるために〟ウソをつきます。**

いっぽう、**マイペース型**の妻は、**〝もっともらしい〟ウソをつく**のが得意です。**マイペース型**の妻がつくウソが、もっともらしく聞こえるのは、「事実」と「ウソ」を絶妙に盛り込ませてつくウソだからです。根も葉もないウソをつくのではなく、前に夫に伝えてあった事実に基づいた話を混ぜ込んで、咄嗟にウソ話を作りあげることができるのが**マイペース型**なのです。

なぜなら、**マイペース型**の妻の基本的マインドは、「夫のものは私のもの、私のものも私のもの」「女王様」「私は愛されて当然」というものなので、ウソで〝下僕〟を操ることは**マイペース型**の妻にとっては簡単なことなのです。由里子さん（仮名・36歳）は、SNSで久しぶりに連絡を取り合った元カレと会うために夫にウソをつきました。

マイペース型妻「会社の後輩が育児休業中だって話したでしょ?」

夫「うん。言ってたね」

マイペース型妻「その後輩に先日女の子が生まれたのよ（ホント）」

夫「そうなんだぁ。それは良かったね」

マイペース型妻「だから今週の土曜日に同僚のＫ子とお祝いを届けようってことになったから午後から出かけるね（ホント）」

夫「了解」

マイペース型妻「夕食はＫ子と食べてくるから適当に食べてね（ウソ・元カレとの食事）」

夫「わかった」

マイペース型の妻は**自己満足のためにウソをつきます。**

そして、**暴発型**の妻はというと、**マイペース型**の妻とは真逆で**〝わかりやすい〟ウソしかつけません。**しかも、「深刻に」「冷静に」という態度で夫に接することがなかなかできない**暴発型**なので、「ぶっきら棒」に「突発的」なウソになりがちです。つまり、すぐにバレるようなウソを大声で怒鳴り散らす……みたいなイメージをしていただければわかりやすいかと思います。また、乱暴な言葉と、威圧的な態度に圧倒されるので、ウソの内容はどうでもよくなってしまうという不思議な効力があります。**暴発型**の妻は〝憂さ晴らし〟にウソをつくのです。

気持ちを伝えたいとき

○ **GPS型妻には、**
幸せな未来を想像させて**伝える**

○ **マイペース型妻には、**
どさくさにまぎれて**伝える**

○ **上司型妻には、**
威厳に満ちた態度で**伝える**

○ **暴発型妻には、**
外に連れ出して**伝える**

上司が、部下に合わせた叱り方や励まし方を工夫するように、夫婦間でも同じことが必要です。「妻が怖い」と感じていたり「面倒なことは避けたい」と思っていたりする夫は、自分が言いたいことも言えずに、常にモヤモヤしたストレスを抱えています。

「どうして最後まで話を聞いてくれないんだ」「どうして、すぐに怒り出すんだ」「たまにはオレの意見も聞いてほしい」。そんなふうに思っている男性も少なくないでしょう。

そんな人は、ぜひ状況や環境を見定め、妻の性質に合った伝え方でアプローチしてみてください。

GPS型の妻は、基本的に夫のことを信用していません。信用したいと思っているのでしょうけど、妻の心の奥底では「また裏切られるんじゃないか」「ウソをつかれるんじゃないか」という不安でいっぱいなのです。

そんな妻に対して大事なのは、**とにかく安心させてあげること。**GPS型の妻が言われて嬉しい言葉には**「一緒に」「ふたりで」「家族で」「約束する」**などがあります。

妻に自分の気持ちや意見を穏やかに聞いてほしいのであれば、まずはそれらのキーワードを交えながら話をしてみるといいでしょう。そして、ポイントは**〝幸せな未来を想像させる〟**ということです。

GPS型の妻は、自分の未来、家族の未来が不安でたまらないのです。遠い未来ではなく近い未来の話でもいいので、〝夫と一緒に〟語り合ったり確認したりすることで不安も消え、貴方の話も聞き入れてもらいやすくなります。

たとえば、「今度の休日は家族でドライブに行こう」とか「将来は、ふたりでのんびり暮らしたいね」というような、平穏で幸せな家族を想像させることが大事です。そして、その流れで「実は、前から思っていたことがあるんだけれど聞いてくれる?」というように話をもっていければ、妻も気分良く貴方の話に耳を傾けてくれるでしょう。

マイペース型の妻に、貴方の意見や要望を聞き入れてもらいたいときは、妻が自己中真っ最中のときが絶好のチャンスです。ひどい自己中ぶりにイラっとしている場合ではありません。「夫の都合よりも自分の都合」をモットーとしている**マイペース型**の妻が、生き生きとし、楽しそうにしているときは、思い切り自己中ぶりを発揮しているときなのです。

そんなときは、こちらが妻に振り回されてグッタリしているときかもしれませんが、**妻のワガママを受け入れてあげた直後のほうが、貴方の要望も通りやすい**ということがあります。

というわけで、**マイペース型**の妻に普段言いにくいことを伝えたい場合は、**妻が思い切り楽しんでいるときに、どさくさにまぎれて言ってしまう**しかありません。細かいことをあまり気にしない**マイペース型**ですから、運が良ければサラッと聞き流してくれるでしょう。

「でも」「だって」「けど」と、ネガティブな言葉が多い**無意識タイプ**の**上司型**の妻。夫が家事や育児に積極的に参加しても、ことごとくダメ出しをする**完璧主義タイプ**の**上司型**の妻。

こんなタイプの妻に、自分の意見や気持ちを伝えたいときはどうしたらいいのでしょうか。

上司型の妻を持つ夫のなかには、「もう何年も前から、妻に自分の意見など言ったことがない」という男性もいます。

話を伺うと、いつもこんな状況だということです。

「久しぶりにファストフードのハンバーガーを食べたら美味しかった」という話をすれば「そんなもの体に悪いから食べちゃダメ！」と言われ、休日に掃除機をかければ「こんなに朝早くから掃除機かけないで」と言われる。何気なくテレビを見ているとき「この女優さん好きだな〜」と言う夫に対し「でもさ〜、この女優さんていい噂ないよね」「私は、この女優大嫌い。どこがいいのか理解できない」とか……。

こんな会話が毎日続けば、夫が話をしたくなくなるのも当然かもしれません。

また、「どうせ話しても否定される」と決めつけてしまっている夫も少なくありません。

ですが、自分の意思を伝えることを諦めてしまったら、夫婦として成り立ちません。**上司型**の妻であっても、伝え方を工夫することで貴方の意見を最後まで聞いてもらうことは可能なのです。

それにはまず、**貴方の「真剣さ」や「本気度」が、妻に伝わらないといけません。妻が、「あれ？　いつもと違うな」と感じるような威厳に満ちた態度で向き合ってください。**

そして、もし妻が途中で口を挟んできたら、冷静に「まずは最後まで話を聞いてくれないか」とバシッと伝え、少しピリッとした緊張感をつくったほうが、**上司型**の妻は真剣に向き合ってくれるでしょう。


問題の**暴発型**の妻ですが、そのレベルはさまざまです。

ただ声をかけただけで、「いまは話しかけるな！」と怒鳴られたり、無視されたりする夫もいます。

ですが、常に攻撃的な妻ばかりではありません。怒りのスイッチが入らなければ至って普通の妻もいます。問題は、どこに怒りのスイッチがあるのかわかりにくい点です。**暴発型**の妻が大暴れしやすい場所は「密室」です。一般的には、自宅が〝現場〟となることがほとんどですが、仮に場所を移したとしても、そこに他人がいなければ、いつでも〝暴れん坊〟になり得るということです。

そこで、**暴発型**の妻に自分の意見や気持ちを伝えたいときに優先すべきことは**「外に連れ出す」**ということです。

女性は往々にして、美味しいものが大好きです。人気のレストランやカフェ、予約が取りにくいといわれている話題の和食店など、そんな特別感のあるお店に夫から誘われたら、いくら普段から〝暴れん坊〟の妻だとしても、断る理由を考えるほうが難しいかもしれません。

このように、家の「外」に連れ出して、美味しいものをいただきながら話をすることが、**暴発型**の妻にきちんと最後まで話を聞いてもらえる手段のひとつだといえるでしょう。

暴発型の妻は、「人の目」をけっこう気にする傾向にありますので、夫に手をあげたり、罵ったりする姿を他人の目にはさらしたくないと思っています。ですから、大事な話をするときは、人目のある場所でするのが効果的です。

帰宅恐怖症チェックシート

帰宅恐怖症とは、「家に帰りたくない」と思ったり、
家に帰りたいのに自宅に近づくと不安感や恐怖感などに
襲われたりする症状のことです。

貴方が帰宅恐怖症になっていないかチェックしてみましょう。

- □ 妻と子どもが寝た後に帰宅する。
- □ 残業や飲み会を意識的に増やしてしまう。
- □ 休日は夫婦別々に過ごしたい。
- □ 妻へは、ほとんど話しかけない。
- □ 自分は生真面目なほうだ。
- □ 争いごとが嫌いだ。
- □ 自分さえ我慢すればいいと考えるタイプだ。
- □ 自分にはこれといった趣味がない。
- □ 妻から問い詰められると黙り込んでしまうことが多い。
- □ 説明したり、自分の気持ちを伝えたりすることが苦手だ。

☑ 5つ以上当てはまった夫は、帰宅恐怖症の疑いがあります。

第3章

4タイプとの付き合い方と対策

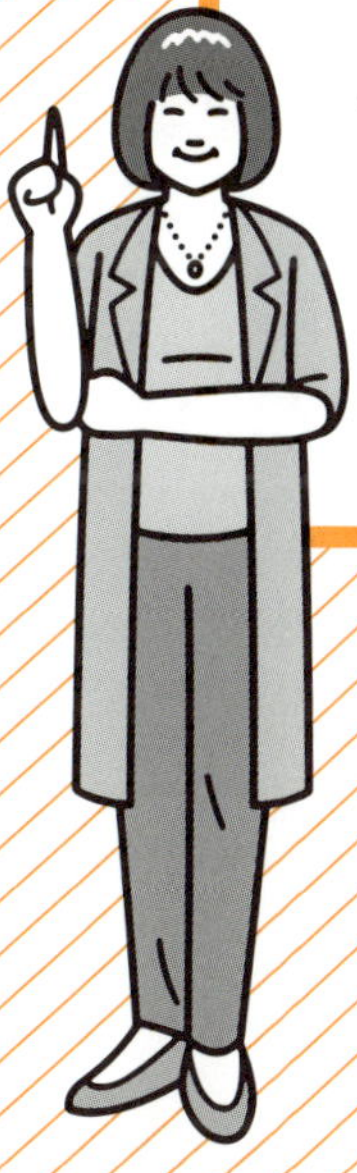

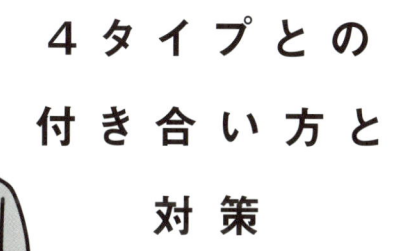

GPS型妻との付き合い方

とにかく裏切らない。「家族の未来」を想像させて話をするべし。

GPS型の妻の基本マインドは、「嫌われたくない」です。GPS型の妻と「一生共に生きていく」と決めたならば、とにかく〝裏切らない〟ことと、〝不安にさせない〟ことが重要です。

他のタイプと比べ、GPS型の妻は「夫から愛されている実感」を何よりも重要視します。親からの「愛され方」や「愛し方」に苦労してきたGPS型は、信用できる伴侶と幸せな家庭を築き、「家族さえうまく機能していれば満足」と思っている人が少なくありません。

夫として**妻の話に耳を傾けるだけでなく、自分自身のことも話すようにし、お互いの気持ちや意見をなるべく共有することで、GPS型の妻は安心感や満足感が高まります。**大切にされているとわかれば、良い妻、良い母として、夫のため子どもたちのために一生懸命尽くしてくれるでしょう。

しかし、夫にだけでなく、子どもに対しての思い入れも強いGPS型は、夫婦関係が悪

GPS型妻との付き合い方のポイント

① 自己好感を満たしてあげる

特に「私は愛されている」という自己好感が満たされていない人が多いので、「ありがとう」「君のおかげ」「気が利くね」など感謝の言葉や気遣いの言葉をマメにかけてあげることで信頼感が増す。

② 自己開示する

人が無口だと「私が何かしたかしら?」と気になって仕方がない性分。自分のことを話してくれる人に安心感を抱き、世話をやいてくれたりするタイプ。お互いの気持や意見を共有するとよいでしょう。

③ 共感する

仕事や家事、ご近所付き合いやママ友の交流にも一生懸命なGPS型は、気疲れしやすく愚痴も多め。共感してあげながら聞き役に徹することで感謝されること間違いなし。

化して夫からの愛情を感じられなくなってしまうと、子どもに愛情を注ぐことだけが生きがいになってしまうこともあるので注意が必要です。

夫に対しても子どもに対しても、一歩引いて見守ることが大事なのですが、**GPS型**の妻はそのような距離感を把握することが苦手です。本人はまったく悪気がないため、こちらが何も言わなければ気付くことは滅多にありません。

もし、「重すぎる」「しつこい」「そっとしておいてほしい」と感じたら、言葉を選んで冷静に伝えてあげることで、本人も理解します。

GPS型妻に役立つひとことフレーズ

喜ぶ言葉

一緒に

「ふたりで」「家族で」「やりくり上手」など

GPS型妻は、夫に対して疑心暗鬼になっています。夫のことならどんな小さなことでも把握しておきたいと思っているのです。とはいっても、「片時もそばを離れない」なんてことは現実的にはムリ。そこで、夫から言われると嬉しい言葉は、「一緒に」というキーワードです。妻にとっては「すべてをオープンにしているよ」というメッセージであると同時に、「君だけを愛しているよ」という意思表示でもあると受け止められるからです。GPS型妻にとっては、「自分の理想の家族像」を保たれる言葉が最も嬉しいのです。

地雷の言葉

しつこい

「うるさい」「ケチ」「怖い」など

GPS型妻は、自分で描いた理想の家族像への執着心が人一倍強いため、家族に想定外のことが起こると危機感を抱きます。夫の帰宅が少し遅くなっただけでも、まるで子どものように取り乱したり、LINEを連投したりするので、夫はそのしつこさに恐怖を感じるのです。夫にかける言葉も自然とクドくなりがちで、何度も「何時に帰るのか」「誰と会うのか」ということを確認してきたりします。穏やかな夫婦関係を保つためにも、妻の気持ちを理解し、「しつこい」という言葉を、いったん飲み込むことも貴方のためになるのではないかと思います。

これだけ覚えておけば大丈夫!

謝る言葉

いつも家族のことを考えてくれているのにごめん

ねぎらいの言葉＋謝罪

GPS型妻に謝るときは、いつも家族のために頑張ってくれている妻への「ねぎらいの言葉」を添えるのがベストです。「いつも家族のために頑張っているのに〜できなくてゴメン」「いつも子どもたちのために一生懸命なのに〜してあげられなくて悪いと思っている」など。GPS型妻にとって、「家族」という単位は特別なもの。家族を大事に思っていないと感じる行為が妻の怒りを増幅させるのです。「君がいてこその家族だ」という気持ちが伝わる言葉を添えることで怒りの感情も和らぐでしょう。

状況を変えるひとこと

自信を持つべきだ

「特別」「大好き」「君ならできる」など

愛されているのに、その愛情を上手に受け取れないGPS型妻。常に夫の顔色を伺ってしまったり、言いたいことがうまく伝えられずに怒りをぶつけてしまったりします。GPS型妻は、自分に自信が持てないのです。そんなGPS型妻に気付きを与え、状況を変えるひとことは「自信を持つべきだ」です。「妻として母として頑張っている君は、もっと自信を持つべきだ」など。GPS型妻のなかには、「なんの取り柄もない」と思っている人が少なくありません。そんなふうに思っている妻の強みを、できるだけたくさん見つけてあげてください。

浮気を疑われスマホをチェックされます。

夫・会社役員（45歳）
妻・専業主婦（40歳）
結婚8年目

妻が私のスマホや財布を強制的にチェックします。拒否すると、してもいない浮気を疑う言葉を大声で言いだすため、子どもにも聞こえてしまうのではないかとビクビクしてしまいます。
このようなことを妻にやめてもらうためには、どうしたらいいでしょうか？

いくら夫婦とはいえども、何もしていないのにスマホや財布の中を見られるのは、気分の良いことではありませんよね。まして、そのような夫婦の会話がお子さんに聞こえてしまった場合、いらぬ心配や不安を抱かせてしまうことになりますから、早めの対処が必要でしょう。

奥様が「してもいない浮気を疑う言葉」を大声で言いだすということですが、もしかして以前に「浮気を疑われるようなことをしてしまった」ということはないでしょうか。

ご自分のなかでは「浮気ではない」と思っていても、奥様は「浮気」という認識の場合もあります。

人によって、「浮気の定義」は違ってきます。〝体の関係〟がある場合は、確実に浮気なのでしょうが、たとえば「女性と手をつないだ」「2人きりで食事に行った」ということでも「浮気」と捉える妻は少なくありません。

スマホに女性の名前を登録しているだけで、浮気と決めつける妻もいます。

そういったことも身に覚えがないという場合は、「帰宅時間が遅い」「ほとんど会話をしていない」「セックスレス」など、奥様を不安にさせてしまうような出来事がなかったか考えてみてください。

もし思い当たることがある場合は、浮気への言い訳や説明はせずに、「浮気はしていない」という事実だけを伝え、奥様を大切に思っていることを言葉や行動で伝えてみてください。

きっと、大声で不満をぶつけられることはなくなりますよ。

自分だけでなく息子も束縛しようとします。

夫・会社役員（52歳）
妻・パート（45歳）
結婚17年目

妻は結婚した当初から、私の帰りが遅いと何度も電話をかけてきたり、私が電話に出ないと会社の同僚に電話をしたりして私の居場所を確認することもありました。それが最近では、今年高校生になった息子に対しても同じようなことをしているようなのです。

息子は、母親のことを「うざい！」と、けむたがりケンカばかりしている状況です。このままでは、息子が妻に暴力を振るったりしてしまうのではないかと心配です。どのように対処したらいいのでしょうか？

夫の立場としては、妻と子どもの関係が悪化して暴力にまで発展してしまうのではないかと、気が気ではありませんよね。

奥様は奥様で、お子さんのことがかわいいあまり心配で仕方がないのでしょう。

しかし、〝それだけ〟ではないような気もいたします。

過去に、夫である貴方へも何度も電話をかけてきて居場所を確認したり、会社の人にまで連絡をしたりすることがあったということは、心配性なうえ、焼きもちやきだったり依存的だったりする性格だと考えられます。さらに、わかりやすくいうと「愛情」や「安心」に〝満足していない〟ということです。

このようなタイプの妻は、夫への愛情を受け取ってもらえないと感じたり、大切にされていないと感じると、往々にして愛情を与えたり受け取ったりすることを、夫から〝子ども〟へとシフトしてしまうことがあります。

もし、思い当たることがある場合は、いくら妻に「子どもへの干渉はやめろ」と言ってもムダなのです。まずは、貴方と妻の関係性を改善することが先決です。

また、妻を一方的に責め、子どもの味方になるだけではなく、お子さんに対しても貴方から、〝母親の心情〟を伝えてあげることで、母親への理解を深めてくれるのではないかと思います。

3年前に終わった浮気で失った信用を回復するには？

夫・自営業（55歳）
妻・会社員（50歳）
結婚12年目

結婚して12年になりますが、妻との離婚を考えています。3年前私が出会い系サイトで知り合った女性と定期的に会っていたことが妻に知られるところとなり、大ゲンカになりました。交際は1年ほどでしたが、その後すぐにその女性とは別れました。

しかし、3年経ったいまでも妻から責められたり浮気を疑われたりしています。私としては反省し、妻と一生添い遂げると誓って関係の修復を試みたのですが、いまだに突然3年前の私のあやまちに対して文句を言われ、深夜まで続くこともあります。

だんだんと自分も疲れてきて、別々の人生を歩んだほうがお互いに幸せなのではないかと考えるようになりました。妻は離婚の話になると怒り出して話は平行線です。

どのように話をしたらいいのか教えてください。

心を入れ替えて夫婦関係を修復することを選択したことは間違っていなかったと思います。でも、3年経った今でも奥様から深夜まで責められるのは心身ともに辛いですよね。

ですが、奥様は貴方よりも辛いのだと思います。

本気ではなかったにせよ、妻にとっては誰よりも信用していた夫が、自分の知らないところで、知らない女性と「不倫を続けていた」ということが〝事実〞なわけですから…。

妻からの信用を取り戻すのは、そう簡単なことではないでしょう。

ただ、過去のあやまちを反省して修復を心掛けている貴方の心が折れてしまう気持ちも十分に理解できます。また、離婚の話が平行線だということは、奥様も離婚はしたくないという気持ちが強いのだと思います。

もし今でも妻への愛情があるのなら、もう一度お互いの気持ちを確認し合い、今後言い合いになったとしても、そのたびに前に進むために冷静に話し合いを続けていくことを約束し合えるのなら、離婚を急ぐ必要はないのではないかと感じます。

そして、本当に「ダメだ」と感じたときには、再度自分の意思を伝え、まずは別居してみるという選択肢もあります。

付き合い方3箇条

1
とにかく〝裏切らない〟
〝不安にさせない〟こと。

2
妻の話を聞き、自分のことも話し
気持ちや意見を共有する。

3
夫にだけでなく、子どもに対しての思い入れも強く、
子どもに愛情を注ぐことだけが生きがいに
なってしまうこともあるので注意が必要。

帰宅恐怖症問診シート

この問診シートは自分の状況を整理するためのものです。
自分の状況を正しく把握し、自分の心のなかの整理、
医師、カウンセラー、妻などに相談する場合のメモとしても活用ください。

記入年月日　令和　　年　　月　　日

氏名＿＿＿＿＿＿＿＿＿＿＿＿＿＿＿＿

①いつからどのような症状が見られますか?
・いつから?(　　　　　　　　　　　　　)

・状況
A 帰宅困難
B 帰るのを(意識的に)遅らせている
C 残業など別の用事を入れる
その他(　　　　　　　　　　　　　　　　　　　　　)

・自覚症状
A 鬱状態
B なんとなく気分が晴れない
C 不眠
D 特にない
その他(　　　　　　　　　　　　　　　　　　　　　)

・原因として思い当たることはありますか?
(　　　　　　　　　　　　　　　　　　　　　　　　　)

・現在心療内科など医療機関に通院していますか?
はい　・　いいえ

②家族は状況をご存知ですか?
A 知らない
B 知っている
C なんとなくわかっていると思う
その他(　　　　　　　　　　　　　　　　　　　　　)

③どのようにしたいなど希望はございますか?
A 帰宅できるようになりたい
B 現状維持
C 離婚したい
その他(　　　　　　　　　　　　　　　　　　　　　)

マイペース型妻との付き合い方

とにかく束縛は禁物。「楽しさ」を強調して話をするべし。

マイペース型の妻の基本スタンスは、「自分中心」です。〝我が道を行く〟タイプなので、人に指図されることが嫌いです。自分が思ったことを自由にやりたい**マイペース型**は、ときに理解不能な行動をしたりするので、周りにいる家族がフォローに追われたりします。

あまのじゃく的なところがありますので、説得したり、言い聞かせたりすることはムダです。正論を言っても通じません。**マイペース型**の妻の気持ちを動かすポイントは、**「楽しい」と思わせることや「優越感」に浸れるようなキーワードを散りばめた〝プレゼン〟ができるかどうかです。**

また**マイペース型**の妻は、アイデンティティーが確立している分、プライドも高めです。基本的に、自分が好きなことや興味があることには、周りが見えなくなるほどのめり込んでしまうので、人が何を言おうが気になりません。しかし、〝自分大好き人間〟のマイペース型は

マイペース型妻との付き合い方のポイント

① 距離感を大切に

話題も豊富で一緒にいると楽しいが、意外にも「親しきなかにも礼儀あり」と考えるタイプ。信頼関係を築いていても無神経にプライベートゾーンにズカズカと入り込んでくる人を嫌厭しがち。距離感を意識して。

② 「素」の自分をさらけ出す

社交的に見えるが、実は人見知りの人も多い。直感が鋭いので上辺の言葉や付き合いは見抜かれてしまう。自分をさらけ出すことによって親密度がアップし、いままで避けてきた深い話もできるようになるかも。

③ シンプルに付き合う

理屈っぽい人や正論を振りかざす人を嫌う傾向がある。クドクドした言い訳はしないほうが良さそう。考え方はとてもシンプルで、仕事も遊びも徹底しているぶん付き合い方もシンプルに考えたほうが良い。

見下されることに対しては敏感に反応します。自分のこだわりが否定された発言が発端となったケンカは長引く可能性があるのでご注意ください。

それともうひとつ、**マイペース型**の妻にとって、特別な褒め言葉はそれほど重要ではありません。「美人だね」「スタイルがいいね」というような、取って付けたような言葉よりも「変わっているね」「面白いね」というような〝個性〟を認められると嬉しくなるのが**マイペース型**なのです。

マイペース型妻に役立つひとことフレーズ

喜ぶ言葉

君らしい

「自由人」「センスがいい」「個性的」など

「君らしいね」という言葉を、決して“褒め言葉”として言っていない場合でも、マイペース型妻は「褒め言葉として受け取る」というオメデタイ性質があります。マイペース型の妻にとって、「君らしいね」という言葉は、「すべてを受け入れてくれた」「私のことをわかってくれている」という証だと受け止めるからです。

したがって、「君らしいね」という言葉は、マイペース型の妻にとって「ありのままの私」を受け入れてくれたことになるため、言われると嬉しい言葉なのです。

地雷の言葉

自己中

「自分勝手」「冷たい」「無関心」「空気が読めない」など

「これが“私”よ!」と自由奔放に……言い方を変えれば「自分勝手」に好き放題“かき回している”マイペース型の妻ですが、実は冷静に自分のことを分析している妻も少なくありません。そう、「自分は、自己中だ」と。なかには、自分を「自己中」だとは微塵にも思っていない“生粋”の自己中妻も存在しますが……。どちらのタイプにもいえることは、第三者から「“自己中”と言われたくない」と思っていることです。

謝る言葉

おわびに、〜するから

「埋め合わせは絶対にするから」「本当にごめん」など

マイペース型妻を怒らせてしまった場合は、誠意を込めて素直に「ごめんなさい」を伝えれば大概は機嫌を直してくれるでしょう。でも、条件があります。それは、“おわびの品”を用意することです。「怒らせちゃってゴメン。おわびに、〜を買ってあげる」「今回のことは悪かったと思っている。この埋め合わせは絶対にするから」など。直感で生きるマイペース型妻は、どちらかというと謝罪の「言葉」よりも“おわびの品”が気になって仕方ありません。「おわびに、〜するから」というのは大事なフレーズです。

状況を変えるひとこと

僕はどんな存在なの?

「君にとって〜な存在でありたい」「〜と考えたことある?」

「あと何年一緒にいられるかな?」など

マイペース型妻には、いままで深く考えもしなかったであろう質問を投げかけてみることで、これまでの状況を変えることができます。マイペース型妻にとって、夫は空気のような存在。いて当たり前だし、自分を助けてくれて当たり前。そんな身勝手な妻には、「君にとって、僕はどんな存在なの?」と静かに訊くことで、改めて深く考えてくれるキッカケになるかもしれません。質問だけでなく「自分は君にとって、こういう存在でありたい」と自分の思いも伝えるとより効果的でしょう。

妻の都合で突然予定を変更されます。

夫・会社員（32歳）
妻・会社員（36歳）
結婚3年目

妻は私とは違い、異性の友達も多く社交的で、コミュニケーション力もあります。なので、平日に飲みに行くことや、休日に外出することも多いです。私としては、もっとふたりの時間をつくりたいと思うのですが、約束をしても突然予定を変更されることがあるので困っています。こちらは、妻との約束のために前もって仕事を調整しているので、急に予定が変更になると、丸一日ムダになってしまうのです。

妻に、もっと責任ある行動をとってもらうためにはどうしたらいいのでしょうか？

奥様は人気者なんですね。休日も出かけることが多いということは、友達からの信頼も厚く、奥様も友達を大切にされていることが想像できます。でも、夫の立場としては、なかなかふたりの時間が取れないので複雑な気分ですよね。仕事

の調整をして夫婦の時間をつくっているのは、素晴らしい心掛けだと感じました。それなのに、〝ドタキャン〟されてしまえば、当然ガッカリもしますし、腹が立つ気持ちも理解できます。

ですが、このままだと今後、貴方の仕事にもなんらかの影響がでないとも限らないし、何よりも貴方自身の精神衛生上良いとは思えません。

「妻に責任ある行動をとってもらうためにはどうしたら良いか?」と考えるのはやめて、「人気者の妻と共存していくためにはどうしたら良いか?」と考えるのはいかがでしょうか?

「妻に〜してもらいたい」という考え方は、相手を「コントロールしたい」という考え方です。それよりも、たとえば自分が妻に振り回されない方法を考えて実行していくほうが、はるかにストレスを軽減できるかと思います。また、奥様に自分の不安や不満を冷静に伝えることで、わかってもらえることもあるかと思います。

まずは、奥様に不満をぶつけるのではなく、〝自分の気持ち〟を伝えてみてください。

突然断捨離に目覚めて大切なものを捨てられます。

夫・公務員（44歳）
妻・パート（44歳）
結婚11年目

妻が急に「断捨離」に目覚めました。それまでは、どちらかというとモノを溜め込む性格で、「いつ使うの?」というような、包装紙や紙袋も大事にとっておくタイプでした。

しかし、あるセミナーに参加してからというもの、着ていない洋服をオークションに出品したり、使っていない小物類を捨てたりして、すごい勢いで断捨離をしているのです。自分のモノを中心に断捨離するのならまだいいのですが、先日は私が大事にしていた〝マンガ本〟を、ある売買サイトに勝手に出品して売ってしまったので、大ゲンカになりました。

今後、二度とこのようなことがないようにとは伝えたのですが、真意が伝わっているか不安です。

妻にわかってもらうためにはどうしたらいいのでしょうか?

自分が大切にしているものを勝手に処分されてしまうのは、とてもショックですね……。

「妻にわかってもらうためにはどうしたらいいのでしょうか？」ということですが、それには、自分にとって「どれだけ思い入れの深いものなのか」ということを、事前に奥様に話しておくしかないかと思います。

そして、日常生活に支障のない範囲内（経済的なことや、保管場所）に収めているかということも再度考えてみる必要があるでしょう。

夫婦であっても、当然「価値観」は違ってきます。ですから、「何を大切に思い、何を大切だと思わないのか」といったことを、普段から共有しておくことがこのようなトラブルを防ぐことにつながります。

家事をほとんどやらないので困っています。

夫・美容師（41歳）
妻・美容師（30歳）
結婚3年目

結婚3年目の共働き夫婦です。子どもはいません。妻が家事をほとんどやらないので困っています。

自分は、平日の朝食作りと洗い物、掃除全般、洗濯、ゴミ出し、などをしています。妻は、平日の夕飯を気が向いたときに作ってくれるのと、洗濯物を畳むくらいです。休日には一緒に掃除をしたりしますが、自分のほうが分担量が多いので文句を言うと一日不機嫌になってしまい私も一日ドキドキしながら過ごしています。

今後、子どももほしいと思っていますが「いまのままでは育児もしないかもしれない」と考えると不安しかありません。妻がもっと家事に協力してくれるようになる方法があれば教えてください。

家事を積極的にしているのは素晴らしいですね。奥様もきっと感謝しているでしょうし、助かっていると思いますよ。

でも貴方は、現在の家事分担に不満なのですね。具体的には、どのような家事を奥様にしてほしいのでしょうか？

また、文句を言いたくなる気持ちもわかりますが、〝文句〟では人は動いてくれません。たとえば、こんな言い方をしてみたらどうでしょう。

「僕が掃除機をかけるから、君は洗い物をしてくれる?」とか、「僕がアイロンがけしている間に、ご飯を作ってくれたら嬉しいな」というように、なるべく内容を具体的に伝えて、一緒に作業するように促したり、ゲーム感覚で楽しみながら家事ができるように工夫してみたりなどが考えられるかもしれません。また、家事分担のことでケンカになって、お互いにストレスが溜まってしまうのなら、思い切って「家事代行」をプロにお任せしてしまうという方法もあります。

大事なのは、家事分担をきっちりすることではなく、お互いが心地よく穏やかに暮らせることではないでしょうか。

そして、今後のお子さんのことも含め、もう少しおふたりで将来に向けた具体的なお話をしていけたらいいですね。

付き合い方3箇条

1
束縛が大嫌い。

2
褒め言葉は個性を認めるワードをチョイス。

3
「自分らしさ」にこだわりがあるぶんプライドも高い。見下すような発言がないか注意が必要。

離婚決断前に考えるべき15のこと

これまで避けてきた〝面倒〟だと思う問題に、本気で向き合わざるを得なくなってきている状況だということを、そろそろ認識しましょう。

自問自答してみることで、「いま、自分がするべきこと」が見えてきます。

留まるのもよし、前に進むのもよし。

- □ 夫婦関係の改善を試みたか?
- □ 離婚をすることで、明るい未来が想像できるか?
- □ 離婚をすることは、自分のためだけではなく、妻のためにもなると思うか?
- □ 子どものために、十分な養育費を支払う覚悟はあるか?
- □ 子どもと自由に会えなくなることへの覚悟はあるか?
- □ 子どもの親権は、一般的に妻が有利だという認識はあるか?
- □ 子どもとの面会を積極的に受け入れる気持ちはあるか?
- □ 離婚成立に至るまで長期戦になる覚悟はあるか?
- □ 別居中の妻に、婚姻費用を支払う覚悟はあるか?
- □ 財産分与、年金分割、場合によっては慰謝料請求などの協議に誠実に対応できるか?
- □ 感情的になった妻に対しても、冷静に対応できるか?
- □ 健康に自信はあるか?
- □ 離婚後、食生活などの生活習慣が大きく乱れることはないか?
- □ 孤独に耐えられるか?
- □ 気持ちを前向きに保つ術を心得ているか?

※婚姻費用:別居した場合の妻と子ども(経済的に自立できていない子)の生活を一定水準に保つための費用のこと。

上司型妻との付き合い方

とにかく妻のいいところを認める。真剣度をアピールしながら話をするべし。

「自分が正しい」という思いが強く、融通が利かないのが**上司型**の妻です。そして、甘え下手であるため、夫にとっては「妻」や「女性」というよりも、「同志」や「男性的」という印象が強まってしまうこともあります。

しかし、内面的には「甘えたい」「頼りたい」という気持ちを強くもっている**上司型**の妻は意外と多いのです。そんな**上司型**の妻には、**まずは才能や能力を認めてあげましょう。そうすることで、夫への信頼感が高まり、妻にとって夫が心を許せる存在へと変化していきます。**

また、いままで頑張ってきたり耐えてきたりして、いまの自分を築き上げてきたという思いが〝生きる糧〟のようになっている**上司型**の妻は、弱音を吐いたり、努力することを諦めてしまうような発言や行動をしたりする人を嫌う傾向があります。

なぜなら、「本当は自分も弱音を吐きたかった。努力をしなくてもいいような人生を歩んで

GPS型妻との付き合い方のポイント

① 長所をピンポイントで褒める

仕事の的確さや面倒見の良さなどを、さりげなく褒めてあげると上司型からの評価は高まり円滑な人間関係を築くことができる。

② イメージと違った部分を伝える

「しっかりしている」印象をもたれやすいが、実は無理をしている人も多い。そこで「本当は繊細な部分があるよね」など、敢えてイメージとは逆の印象を伝えてあげることで心を許しあえる関係性につながる。

③ 「教えて」の精神で接する

向上心がある人に好感を抱く傾向があるので、「教えてください」の精神で接すると良好な関係が築ける。議論になった場合は、感情に共感してから自分の意見を述べるようにすると受け入れてもらいやすい。

きたかった」という気持ちがあるにもかかわらず、自分は〝そうしてこなかった〟からです。そのため、簡単に弱音を吐いたり努力を諦めたりする人を見ていると無性に腹が立ってくるのです。

上司型の妻が求めるレベルに応えようとして疲れてしまう夫、または常に否定的な言葉で返されてしまう夫は、妻のそういった発言を「そうだね」と一度受け止めて〝頑張り〟を心から認めてあげる言葉をかけてあげたり、同時にこちらの〝真剣度〟を伝えることで、夫婦のコミュニケーションも円滑になるでしょう。

上司型妻に役立つひとことフレーズ

喜ぶ言葉

間違いない

「賢い」「芯が通っている」「デキる」など

上司型妻は、「無意識タイプ」と「完璧主義タイプ」の2つのタイプがあるとお伝えしました。しかしタイプは違えども、両タイプともに、自分のやり方や考え方ではないものに賛同したり、実行したりすることに不安や不満を感じる傾向があります。ですから、上司型の妻は両タイプとも「間違いない」と言われたり「おっしゃるとおり」と言われたりすると気分がいいのです。妻のいうことにすべて従う必要はありませんが、妻が喜ぶ言葉をクッションにすることで、意見も聞いてもらいやすくなったりするのです。

地雷の言葉

頑張れ

「できない」「なんでもいいよ」「キツイ」など

上司型の妻が「頑張れ」と夫から言われた場合、「これ以上、どう頑張ればいいの!?」という負の感情になりやすい傾向があるのです。それは、上司型の妻に完璧主義の人が多いということにも関係していますが、これまで頑張りすぎて、いっぱいいっぱいになっている妻も少なくないからです。上司型にとって「頑張れ」という言葉は、励ましにはならず、むしろいま以上に追い詰めてしまう言葉になってしまうのです。また、行動に移す前から諦めてしまっているような「できない」「わからない」という言葉も上司型にとっては寂しいひとことです。

謝る言葉

これからは～する

「もうしません」「許してください」「後悔しています」など

上司型妻への謝り方は、自分が悪かったと思う所在を明確にすることと、改善策を提示することが大事です。「～したことは悪かったと思っている。これからは～するから許してほしい」など。どういうことが悪かったと思っているのか。そして、今後はどうしようと考えているのかということを確認しないと、本当に反省していると感じることができないのが上司型妻の特徴ともいえます。「ごめん、ごめん。これから気を付けるから～」などと軽く済ませようと考えている人は要注意です。「許された」と思っているのは自分だけかもしれません。

状況を変えるひとこと

君みたいにできない

「君を支えたい」「もっと甘えてほしい」「最強のチームにしよう」など

上司型妻は、自分にも厳しい分、人にも厳しい人が少なくありません。ですが、自分で何でもできてしまうぶん、本人は人に厳しくしているとは思っていない人が多いのです。そんな上司型の妻に現状を理解してもらい、状況を変えるためのひとことは、「誰もが君と同じようにできるわけではない」というニュアンスの言葉。

「君には簡単にできても、誰もが簡単にできるわけではないことを理解してほしい」と伝えることで、上司型にとって当たり前だったことを、他者のレベルに合わせた対応をし、理解を示すことが大事だと気付いてくれるかもしれません。

「だから〜」と言われ、すべて私が悪者にされてしまいます。

夫・自営業（48歳）
妻・パート（42歳）
結婚5年目

結婚5年目の夫婦です。妻は育児のかたわら、私の自営の手伝いをしてくれています。妻は、家庭のことも仕事の面でも「〜はどうする？」というように聞いてくるのですが、それに対して私が決断をしたり答えを出したりしたことが、悪い結果になると「私はやめたほうがいいと思ったのに」とか「だから私がはじめに確認したほうがいいって言ったのに」と叱られ、すべて私が悪者にされてしまいます。

最終的な答えに関しては、もちろん自分が決断したことなので責任は感じますが、一任したのであれば、その後にグダグダ言うことはやめてほしいと思っています。普段から妻は言い訳も多く、素直に人の話を聞いてくれることが少ないように感じます。

こんな妻と、イラつくことなくコミュニケーションをとるにはどうしたらいいのでしょうか？

誰よりも一番の味方であってほしい妻から〝ダメ出し〟をされると、夫としても経営者としても自信を失ってしまうことは大いに考えられます。

育児のかたわら仕事の手伝いをしてくれる奥様だということですが、場合によっては、貴方の仕事から少し距離をおいてもらう選択も必要かと思います。

将来的にどうするかということでも違ってきますが、貴方の仕事にどうしても奥様が必要な場合は、仕事と私生活が混同しないように、ある程度のルールを定めることも必要でしょう。たとえば、貴方が「社長」、そして妻は「社員」や「アドバイザー」というような立ち位置を明確にしておくことで、貴方も惑わされることが減るかもしれませんし、奥様も貴方を「社長」として尊重してくれるかもしれません。

また、「イラつくことなくコミュニケーションをとるにはどうしたらいいか?」ということですが、先ほどお伝えしたことを試してみながら、家庭では普段の会話を楽しむことです。コミュニケーションとは「対話」です。夫婦の対話を増やすことで、ひとこと多い奥様の心の裏にある心情も見えてくるかと思います。

妻のルールが多くて自宅でくつろげません。

夫・会社員（36歳）
妻・会社員（38歳）
結婚2年目

妻とは結婚相談所を通じて知り合い、今年で結婚2年目になります。妻は私より2つ年上の38歳です。礼儀正しく、ハキハキしていてしっかりしているところが気に入って結婚しました。

ですが、一緒に生活してみると、妻の細かすぎるところが気になりだし、最近は家でくつろげなくなってしまいました。たとえば、一度外に出たら、帰宅後すぐにお風呂に入らないとソファーに座ってはいけないとか、ドアは音を立てずに閉めるとか、寝転がりながらテレビを見てはいけないとか……。

妻のルールに反した場合、ものすごい勢いで怒られるので、いまのところ仕方なく守るようにしているのですが、これが一生続くと思うと苦痛です。

それとも、そのうち慣れるものなのでしょうか？

自宅でくつろげない状態とは深刻ですね。それでは疲れもとれませんよね。

お互い違った環境で30数年間生活してきた者同士が、結婚と同時に一緒に暮らすわけですから、それなりの覚悟はあったかと思いますが、細かすぎるルールを押しつけられるのは苦痛以外のなにものでもありません。

「一度外に出たら、帰宅後すぐにお風呂に入らないとソファーに座ってはいけない」というのは、冷静に考えるとかなり厳しいルールですね。

今後、お子さんが生まれて家族が増えた場合、外出先から家族一斉に戻ったとき、どんなに疲れていても誰もソファーに座ることができないということですよね⁉

問題は、妻が自分以外の家族に、厳しいルールを「押しつけている」ということです。しかし、妻にそういうことをやめてもらうのは、現実的にかなり難しいというのが、私の見解です。

ですが、まずは貴方が苦痛に感じている気持ちを奥様に話してみることからはじめてみてください。そして大事なのは、貴方自身が「何を大事にするか」です。

たとえ妻がいまのまま変わらなくても、それでも一緒にいたいと思うのか？

それとも、自分の気持ちに正直に生きたいと思うのか？

妻のルールに慣れるか慣れないかという問題も、貴方の〝覚悟〟次第だと思います。

妻が母親の言いなりで関係が近すぎて辛いです。

夫・会社経営（40歳）
妻・公務員（41歳）
結婚8年目

結婚8年目で、今年5歳になる娘がいます。妻の母親の強い希望もあり、2年前に妻の実家から徒歩3分のところに家を建てました。

義母が子どものお迎えなどに協力的なので助かっていることも多いのですが、その他の家庭のことにまで干渉してきたり、強引な要求をしてきたりすることも多いので困っています。妻は母親に依存気味で断りきれないため、結局は母親の言いなりです。

共働きなので、休日は家族で過ごしたいのですが、妻の実家に親戚が集まるからと、毎週のように私たち家族も呼び出されて食事会に参加させられます。妻も苦痛に感じているようなのですが、一度断ったときに母親から親不孝者呼ばわりされてからは、呼び出しに応じています。

このような義母との付き合い方、また妻と母親との付き合い方などについて助言いただければ幸いです。

妻の実家に呼び出されて毎週食事会とは……いくら近所でも面倒になりますね。

このような母親は、いつまでも「自分の存在価値を娘や息子に示したい」という気持ちが強く、仕切りたがりやで、反論するとヒステリックに怒りだしたりします。なかには、自分の子どもや、その家族が自分の思い通りになると勘違いしている親もいます。

また、親に必要以上の干渉をされて育った子どもは、その親に対して違和感を覚えつつも、親に確認しないと決断できなかったり自分の意思を伝えることができなかったりします。

おそらく奥様とお母さんは「共依存」の関係なのではないかと思われます。この場合、妻本人が強い意志をもって臨まないと改善は難しいでしょう。奥様に自覚があり、改善を望んでいるのであれば、一度カウンセリングに行くことを勧めてみるのもいいかもしれません。

そして、貴方とお義母さんも、そして奥様とお母さんも、いまよりも少し距離をおき、心地よい適度な距離を保つ工夫が必要でしょう。

付き合い方3箇条

1

甘え下手だが「甘えたい」「頼りたい」という気持ちをもっている点を理解する。

2

真剣度を伝えてスムーズなコミュニケーションを図る。

3

頑張りや才能、能力を認めてあげることで、夫への信頼感が高まり心を許せる存在へと変化していく。

一生幸せでいられる「夫婦のルール」10選

1. 先に「ごめんなさい」を言いましょう。このまま永遠に会えなくなっても後悔しないように…。
2. 「些細」だと思える話題にこそ耳を傾けましょう。
3. 「ありがとう」を毎日伝えましょう。
4. 自分の価値観を相手に押し付けるのはやめて、お互いを尊重しましょう。
5. 過去のネガティブな出来事を、この場に持ちだすのはやめましょう。
6. お互いの「良いところ」に目を向けるようにしましょう。
7. ケンカは、翌日に持ち越さないようにしましょう。
8. 1日1回は、パートナーを“ねぎらう”ことを忘れずに。
9. パートナーは敵ではありません。あなたの味方なのです。
10. プレゼントを贈りましょう。

暴発型妻との付き合い方

とにかく応戦しない。話をきいて無理なら第三者のいる場所で話をするべし。

暴発型の妻は、「わかってほしい」という気持ちを、罵倒したり暴力を振るったりすることでしか表現できません。当然、「共感力」にも欠けています。

夫の〝うっかりミス〟に対しても、激しく罵り、そのミスの理由や事情は「無視」ということもよくある話です。ですが、常に怒鳴りっぱなし、暴言吐きまくりというわけではありません。**そういった感情に〝スイッチ〟が入ってしまう原因や理由があるのです。**

たとえば、「ストレスレベルが高い状態のときと、夫の気になる言動が重なってしまう」「以前に受けた夫からの理不尽な言動が蘇る」などの他、過去に受けた虐待や、家族との経験がトラウマとなっていたりすると、夫との会話のなかで、そのスイッチが発動してしまうことがあります。また、夫への甘えもあるかもしれません。

だからといって、夫に対する妻の暴力が正当化されるわけではありません。辛い思いをした

暴発型妻との付き合い方のポイント

1 お酒の席で見極める

表面的にはわからない暴発型だが、アルコールが入ったときに表面化することがある。目つきが変わり言葉遣いが荒くなり人格が変わったような場合は距離をおいたほうがいいかもしれない。

2 親身に話を聞いてあげる

深い人間関係を築けず友達も少なめ。過去の家族関係に深い傷を負った人もいて人を信用できない人も多くいる。まずは親身になって話を聞いてあげることが信頼を深める第一歩。

3 一緒に現実逃避する

ストレスを感じやすい仕事をしていて本当の自分を抑え込んでいる人も少なくないため、カラオケやライブなど現実逃避できるようなイベントに行くとストレスが解放され心を開いてくれやすい。

妻への理解は当然必要ですが、夫は冷静に対応することが大事です。**妻が攻撃的になっているときは、応戦せずにその場を離れることです。**暴言を聞き続けているのは辛いでしょうし、〝我慢の糸〟がプツリと切れて、逆に夫が妻に暴力を振るってしまう可能性もないとはいえません。お互いを守るためにも、場合によっては逃げることも必要です。

暴発型の妻の心の裏側には、「わかってもらいたい」という心理が隠れていることが多いので、妻が落ち着いているときにお互いについてじっくり話し合ってみるのもいいかもしれません。

暴発型妻に役立つひとことフレーズ

喜ぶ言葉

話を聞かせて

「僕が守るから」「実はさみしがりや」「努力する」など

物を投げたり破壊したり、これでもかというほどの暴言を夫に浴びせたりする妻。「普通だった妻」が暴発型妻になってしまった背景には、「一番近くにいる人にわかってもらえない」という思いがあります。ですからまずは、妻の話を遮らず、じっくり聞いてあげることが暴発型妻の心を安定させる唯一の方法なのです。

暴発型の妻が夫に言われると嬉しいのは、「話を聞かせて」という言葉です。「君の不満をトコトン受け止めるから」という姿勢を示すことが、暴発型の妻にとっては、なによりの安定剤になります。

地雷の言葉

離婚

「DV」「病院行こう」「昔は～だったのに」など

暴発型妻が最も言われたくない言葉が、「離婚」です。夫婦ゲンカになると、手がつけられず、噛みつかれたり包丁を突きつけられたりしたこともある男性や、土下座を強要される男性もいますが、そういった暴発型妻に共通していえるのは、決して「離婚したい」と思っているわけではないということです。行為だけを見ると、離婚してほしいように思えますが、妻たちの心理はまったく逆なのです。泣きわめいたり叫び続けたりする妻を見て、メンタルを心配した夫が病院に行くことを勧めても火に油を注ぐだけです。

謝る言葉

嫌な思いをさせてゴメン

※怒りが収まるかどうかは妻の気分次第。とにかく謝る。

他のタイプの妻と比べて暴発型妻は、何に対して怒っているのか、何に対して「謝ってほしい」と要求しているのかが非常にわかりにくかったり、理不尽だったりします。そんな妻に対して、「どうして自分が謝らなければいけないんだ」と思うかもしれませんが、それは貴方が疲弊しないためです。謝る場合は、「嫌な思いをさせてしまってゴメンね」「辛い思いをさせて申し訳ない」と、妻の感情に応える謝り方が理想的です。何に対して怒っているのか妻本人もわかっていないこともあるので、怒っている理由を探して、それに対して謝ろうとするのは至難の技です。

状況を変えるひとこと

自分を大事にして

「本当の君は〜だよね」「このままで本当にいいの?」「甘えるな」など

暴発型妻は、虫の居所が悪いと夫に当り散らしたり、子どもを叱りつけたり、手がつけられなくなることがあります。悲しいですが、そんな状況に慣れてしまった夫や子どもは、残酷なほど冷静にその状況を見つめているのです。痛々しく、哀れで、悲しい状況です。妻としても、感情的に家族を傷付けていると自己嫌悪に陥っているかもしれません。そんな妻に対して「どうして、それほどまでに自分を傷つけようとするのか?」「もっと自分を大事にしてほしい」と伝えることは、もしかすると彼女にとって“目からウロコ”であり、気付きのある言葉かもしれません。

妻の暴力をやめさせるにはどうしたらいいでしょうか？

夫・医師（42歳）
妻・専業主婦（39歳）
結婚12年目

結婚12年目ですが、長男が生まれる10年ほど前から妻が私に暴力を振るうようになりました。きっかけは、些細なことだったと思うので覚えていないのですが、その頃からケンカが増えたように感じます。

私はいままで妻に手をあげたことはありませんし、浮気をしたこともありません。経済的な面でも妻に苦労をかけたことはありません。

ただ、子育てに関しては、いま思えば妻に任せきりだったと反省する部分もあります。それに気付いてからは、家事や育児にも積極的に参加するようにはしているのですが、妻と同じようにはできず、イライラを加速させてしまうようなのです。その度に暴言を吐かれ、反抗すると蹴飛ばされたり、物を投げつけられたりします。

妻の暴力をやめさせるにはどうしたらいいでしょうか？

いままでの自分を振り返り、育児や家事に積極的に参加するようになったことは、きっと奥様もありがたく感じていると思います。でも、妻と同じレベルの家事を求められるのは、男性としてはキツイですよね。

家事や育児に積極的に参加することも、もちろん大事なのですが、私が気になったのは、奥様を「精神的に支えてあげられているか?」ということです。

ご長男が誕生したときは、さぞ嬉しかっただろうと想像いたします。ですが、妻としては初めての子育てでもあり、不安も大きかったことでしょう。

子どものことを相談したくても、仕事で忙しい夫は他人事のような返事しかしてくれず……いくら可愛い我が子とはいえ、言葉がわからない子どもと毎日一緒にいることはストレスも溜まります。もしかしてそんなとき、貴方は夫として、妻の心に寄り添うことをしてあげられていなかったのではないでしょうか。

奥様は、現在の些細な出来事から、そんな過去の貴方の姿がよみがえり、苛立ちを抑えきれなくなっているのかもしれません。

今後は、もっと妻の「こころ」の理解を深め、いたわりの言葉や感謝の言葉を増やすようにしてみてください。

離婚したくても子どもと離れて暮らすことは考えられません。

夫・会社経営（39歳）
妻・自営業（33歳）
結婚6年目

妻が暴力的で困っています。

4歳になる息子がいるのですが、最近では息子が妻の言葉遣いを真似て、汚い言葉を使うので心配になっています。「クソおやじ」「テメー」「ふざけんな」「サッサと動け」という妻がよく言う言葉を息子から言われたときには心底驚きショックでした。

結婚前から決して言葉遣いがよかったわけではありませんが、子どもの前でもこのような言葉を使っている妻に怒りを感じます。ケンカになると、子どもが側にいても抑えることができない性格のため、私が一方的に罵られたり頭を叩かれたりするところを子どもも見ていて泣きだします。こんな妻とは離婚したほうがいいとは思うものの、子どもと離れて暮らすことは考えられません。

どうしたらいいか悩んでいます。

困った奥様ですね……。

汚い言葉を自然に覚えてしまうのは、お子さんの責任ではありませんし、最終的に恥ずかしい思いをするのは親であり、かわいそうな思いをするのは、子ども本人だということをわかっていないようですね。

このように気性が荒い妻ですと、夫である貴方の話や説得に耳を傾けることは少ないのではないかと思います。そうなると、夫婦ふたりだけの話し合いは難しくなりますが、まずはタイミングを見計らって改善に向けて話をする時間をとることが必要です。

ふたりきりの話し合いがどうしても困難な場合は、第三者に立ち合ってもらいましょう。

その場合、中立な立場で話を聞いてくれる信用できる友人や親族、会社の上司など。もしくは、カウンセラーなどの専門家に相談してみるといいでしょう。

現状を「夫婦だけの問題」と捉えず、第三者に知ってもらうことで、奥様も自分の言動に意識を向けざるを得なくなります。

そうすることと同時に、夫婦のコミュニケーションを増やしていくなどの工夫が必要です。

妻のヒステリーを治すにはどうしたらいいのでしょうか？

夫・会社員（35歳）
妻・看護師（38歳）
結婚5年目

うちの妻は、直接的な暴力こそ振るわないものの、ヒステリーをよく起こします。自分の思い通りにならないことがあるときや、私に対しての苛立ちが爆発したときには容赦なく叫びながら暴言をぶつけてきます。先日は、妻に頼まれていた郵便物を私がうっかり出し忘れてしまい、夜の10時くらいから深夜2時過ぎまで妻に責められ朝方まで寝付けませんでした。このようなことは、2カ月〜3カ月に一度くらいあり、その度に寝かせてもらえず、寝不足のまま仕事に行くことになります。

普段の妻は、仕事も家事も頑張っていて、休日には一緒に出かけたりもするし、普通の夫婦だと思います。

妻のヒステリーを治すにはどうしたらいいのでしょうか？

奥様は、仕事にも家事にも全力投球なのですね。もしかして、真面目に頑張りすぎているがために、夫である貴方への〝当たり〟も強いのかもしれません。

大事な郵便物だったのかもしれませんが、うっかり出し忘れてしまったことに対して4時間も責められたり、しかもそういったことが2カ月～3カ月に一度のペースであったりすることは、決して〝普通〟ではありません。

奥様は、日頃から我慢していることが多く、そのストレスを発散させることが苦手なタイプなのではないでしょうか。

理想は、そのストレスを一気に爆発させるのではなく、少しずつ小出しにできればいいのですが……。

そこで、貴方ができることは、妻の〝ガス抜き〟を手伝ってあげることです。「なんでも話してみて」と言って、愚痴をただ聞いてあげるだけでも効果は表れるかと思います。

また家族と協力して、最低でも月に1回以上は奥様に一日ゆっくりしてもらう日をつくるのもいいでしょう。ヒステリーをやめさせる行為より、日頃の頑張りをいたわる言動を心掛けるほうが、きっと妻の改善も早いのではないかと思います。

付き合い方3箇条

1

「わかってほしい」という気持ちが根底にある。

2

攻撃してきたら応戦せずにその場を離れる。

3

「怒りをコントロールしたい」「暴力をやめたい」と思いながらも、コントロールできなくて悩んでいる妻もいる。

混合型妻を持つ夫の悩みQ&A

ここまで4タイプの妻について見てきましたが、
完全にひとつのタイプに当てはまるという
ケースだけでなく複数のタイプが
混在した妻も存在します。
最後にそれぞれのタイプが複数混在した
妻を持つ夫の悩みを見ていこうと思います。

混合型（GPS型＋上司型）妻を持つ夫の悩みQ＆A

セックスを拒まれ続けます。

夫・会社経営（48歳）
妻・会社員（40歳）
結婚15年目

妻とは約10年間セックスレス状態です。

恥ずかしながら、私は10年前に会社の部下と不倫をしていまして、それが妻に知られてしまい、当時はお互いの両親を交えて修羅場となりました。もちろん、その後は心改め、家族のためだけに尽くしてきているのですが、いまだに妻の心は閉ざされたままです。

妻の性格は、真っ直ぐで芯が強く、職場でも信頼されています。家庭でも明るく、子どもたちとも、まるで友達同士のように仲がいい関係です。私と妻も、会話がないわけではなく、休日は買い物に行ったり外食をしたりしますし、人から見れば〝普通の夫婦〟だと思います。ですが妻からは、この10年間セックスを拒まれており、辛い思いをしています。

妻からは、「絶対に離婚してあげない」と言われております。

セックスを拒み続ける妻と、今後も夫婦関係を続けていけるのか悩んでいます。

大切な奥様やお子さんがいるにもかかわらず、不倫をしてしまったことは残念で仕方ありません。とは言っても、その後は清算し、こころ改めたことに関しては評価できることだと思います。

しかし、妻の心情としては、頭ではわかってはいるものの、そう簡単ではないことも理解できます。「絶対に離婚してあげない」という妻の言葉に見え隠れする感情には、ちょっとゾッとする部分もありますが、とはいっても普段は会話もあり食事や買い物に行く夫婦関係ということを考えると、妻が貴方のすべてを拒絶しているわけではないということです。

10年間セックスレスなのは、確かに問題がないとは言い切れませんが、セックスそのものから視点をずらし、なるべくふたりだけの時間をつくって、妻の心に寄り添い、信頼感を高めていくことに焦点を当てて様子を見るしかありません。

ですが、言葉が適切かどうかわかりませんが、現状は〝飼い殺し〟のような状態ですから、貴方が本気で離婚を決意するのなら、時間はかかると思いますが方法がないわけではありません。

混合型（GPS型＋マイペース型＋暴発型）妻を持つ夫の悩みQ＆A

妻からペットのような扱いをされており、もう耐えられません。

夫・会社員（38歳）
妻・会社員（30歳）
結婚5年目

結婚5年目の共働きの夫婦です。どちらかというと、自分は気が弱くて人の意見に左右されてしまう性格です。妻は交際当時から気が強く、自信満々でしたが、時おり私だけに見せる弱さだとか、はにかんだ表情などが愛らしくて好きになりました。

ですが、結婚後にわかったのですが、妻は思っていた以上に嫉妬深く、そして支配的なところがあり、今後の結婚生活が不安になってきました。高校のときの同窓会のお知らせが届き、20年ぶりに同級生と会えることを楽しみにしていたときは、「女性が来るなら行っちゃダメ」と言われ、勝手に不参加のメールを送られました。また、私が仕事で昇進したときは、喜んでくれるどころか、「まぐれなんだから喜ぶな」とも言われました。毎日の生活のなかでも、「アレはするな、コレはダメ」という指示をされ、反論するとキレて暴れ出します。

私はペットのような扱いに限界を感じています。

私生活において自分の意思が通用しないのは、なかなか苦しい状況ですね。交際当時と変わらず、奥様は貴方のことが大好きなのですね。でも、妻は〝好き〟を通り越して、貴方のおっしゃるとおり「支配的」になってしまっているようです。

夫婦関係においての思いやりや、愛情といったものは感じられず、〝主従関係〟から生まれる感情や発言のようにも思えます。

そういったことが、貴方も感じている〝ペットのような扱い〟ということなのでしょう。ですが、もしかして妻は、貴方が思っているほどネガティブなこととは、さらさら思っていないということも考えられます。

まずは、自分の気持ちを妻に話してみることをお勧めします。

貴方が、これほど深刻に考えているのだと理解してもらえれば、妻もそれに改めて気付き、言動を変えてくれるかもしれません。

里帰り出産した妻が帰ってきません。

夫・会社員（38歳）
妻・専業主婦（32歳）
結婚3年目

妻が、出産のため実家に帰って約6カ月になります。はじめは、「1カ月検診が終わったら戻る」と言っていたのですが、「毎日、寝不足が続いて体力がもたない」とか「このまま自宅に戻ってもサポートなしでは家事ができない」と言われ、子どもが生まれて5カ月経ちますが、いまだに実家で過ごしています。もともと妻は母親との距離が近く、常にどこへ行くのも一緒でした。妻の実家までは、車で約2時間くらいです。これまで毎週末に妻と子どもの顔を見に行っていたのですが、1カ月ほど前に「あなたが来ると親も気を遣うからしばらく来ないで」と連絡がありました。自分も、これからは妻のサポートをしていく気持ちはあるし、子どもの面倒も出来る限り見るつもりです。しかし、妻は自宅に戻るつもりがなく、義両親からも「このまま、しばらく田舎でゆっくりさせるから」と言われてしまいました。

このまま、妻と子どもが帰ってこない可能性はあるのでしょうか？　毎日不安で夜も眠れません。

お子さんも生まれ、家族3人の生活を楽しみにしていたのに、お辛い状況ですね。

最近は、このような状況に追い込まれる夫からのご相談も増えています。お子さんが生まれる前から夫婦関係に問題があった場合もありますし、特に思い当たる問題がない場合もあります。

妻と妻の両親が結託して、悪質なやり方で子どもを奪ってしまうケースが増えているのは事実です。

もう少し詳しいお話をお聞きしないと何とも言えませんが、妻と子どもがこのまま帰ってこない可能性は十分にあるということです。

理不尽な妻や親が存在することは確かで、離婚を強要される夫もいます。

ですが貴方の場合は、もう少し様子を見ながら、妻と話し合っていくことが可能かと思われます。

いまは、お子さんに会いたい気持ちをグッとこらえ、「会いたい、会いたい」「いつ帰ってくるのか」という内容は敢えて避けて、妻と子どもに「元気にしている?」「そちらの様子はどう?」という内容の連絡で様子を伺いながら、妻の実家に行くチャンスを伺ってみてください。

おわりに

今回、この本のなかでは、**GPS型**、**マイペース型**、**上司型**、**暴発型**の妻の特徴や対処法、そしてこのような妻をお持ちの夫の思いや、悩みなどをご紹介させていただきました。

人は誰でも何かしらの短所や問題があるものです。そして、たった4つのタイプや特徴だけで、簡単に分類できるものではないということもわかっています。

しかし、本書に登場する妻たちは、決して他人事だったり珍しい妻だったりするわけではありません。あなたの妻ではなくても、もしかして身内や職場など、すぐ近くにいるタイプかもしれません。

たとえば、貴方が何か言うたびに「だって」「でも」「っていうか」など否定的な言葉をオンパレードする女性。仕事はできるけれど、ダメ出しばかりする女性……。

このような女性を前に、しまいには口を閉ざすしかない状況に追い込まれるのは、家庭でも職場でもストレスが溜まります。このタイプの女性は**上司型**です。

いっぽう、どことなく不安げな雰囲気が漂い、人に流されやすい面もありますが、我慢強く頑固な気質を持ち合わせているのが、**GPS型**です。

「人に嫌われたくない」という気持ちが強いために、夫に依存したり、〝理想の家族〟に執着しやすかったりします。

また、本書では少ししかご紹介できませんでしたが、**混合型の妻も多く存在します。**

【妻Aさんの場合】
・いくら好きな人でも四六時中一緒にいるのはイヤ。束縛する人は嫌い。**（マイペース型）**
・嫌味も都合よく受け止める。**（マイペース型）**
・夫へは命令口調。**（暴発型）**
・感情の起伏が激しく、暴力的になる。**（暴発型）**
・前触れもなく夫のスマホをチェックする。**（GPS型）**

このように、Aさんの場合は**マイペース型**、**暴発型**、**GPS型**の3つの特徴を合わせ持った混合型タイプの妻です。Aさんに限らず、混合型の妻は少なくありません。貴方の妻や、周りにいる女性も、もしかして混合型かもしれません。

タイプを判断する際には、あまり難しく考えず「うちの妻は、どちらかというと**マイペース型**が強いが、**上司型**も混じっているタイプだな」「**暴発型**にも当てはまるが、**上司型**の要素のほうが多いな」というように、まずは〝だいたい〟の検討をつけていただきながら、自分なりの付き合い方や対処法を見出していただければと思います。

こんなふうに、貴方の妻や、周りにいる身近な女性に思いを馳せてみることで、**なんとなくいままで苦手意識を持っていて何を話していいのかわからなかった人に、どう対処したらいいかが見えてくる**のではないかと思います。

生まれ持った特徴はあるものの、人は変化する生き物です。

「一生変わらない」と決めつけるのは早い場合もありますし、早めに見切りをつけたほうがいい関係もあります。それを判断するのも、まずは基本や現状を知るということが必要ではないかと私は思うのです。

そして、「なぜ彼女は自分にひどいことをしてくるの？」といういままでの疑問も、「心に傷があるかわいそうな人だから」という理由に落とし込んで、「悪気はないのだ」あるいは、「相手は変わらない」など、これまでの理不尽な言動を冷静に受け止めることができれば、自分なりの結論を導き出すこともできるでしょう。そして、精神的に楽になったり、今後の人生を決断するためのヒントになるのなら悪いことではありません。

また、これまで妻の問題行動に悩まされ続け、自己像を無理やりねじ曲げながら必死で耐えてきた男性は、**自分では認識できていないストレスや負担がかかっています。辛いときは辛い、痛いときは痛いと言っていいのです。逃げてもいいのです。**

今後の貴方の人生を、もっと明るく照らすために、是非この本を役立てていただければ私も嬉しく思います。

そして最後に、私の初めての著書『なぜ夫は何もしないのか なぜ妻は理由もなく怒るのか』に続き、この2冊目の著書の企画をご提案くださった、左右社代表の小柳学さん、編集担当の脇山妙子さん、さまざまなご意見やアイデアをいただいた左右社の皆様に感謝申し上げます。

ＨａＲｕカウンセリングオフィス　高草木陽光

高草木陽光

たかくさぎ・はるみ

「HaRuカウンセリングオフィス」代表、夫婦問題カウンセラー。美容師、育毛カウンセラーを経て、その後結婚し、専業主婦となる。しかし、夫の束縛や価値観の押しつけに違和感を覚え、「結婚生活とは何か」ということを深く考えはじめたときに「離婚カウンセラー」という職業があることを知る。自分たち夫婦のため、夫婦関係で悩んでいる人たちのために必ず役に立つはずだと思い、2009年に「NPO法人日本家族問題相談連盟」の認定資格を取得し、夫婦問題カウンセラーとなる。「直そうとしないで、わかろうとする」カウンセリングをモットーに現在までに約8,000人のカウンセリングを行い、日々活動中。NHK総合「ニュースシブ5時」「あさイチ」、フジテレビ「ホンマでっか!?TV」「バイキング」TBS「ビビット」テレビ朝日「羽鳥慎一 モーニングショー」日本テレビ「スッキリ!!」ほかメディア出演多数。著書に『なぜ夫は何もしないのか なぜ妻は理由もなく怒るのか』(左右社)がある。

心が折れそうな夫のための
モラハラ妻解決BOOK
4タイプでわかる

2019年5月31日　第一刷発行

著者　高草木陽光
発行者　小柳学
発行所　株式会社左右社
〒150-0002 東京都渋谷区渋谷2-7-6-502
Tel: 03-3486-6583
Fax: 03-3486-6584
http://www.sayusha.com
装画・カット　八重樫王明
ブックデザイン　小口翔平＋喜來詩織(tobufune)
印刷・製本　創栄図書印刷株式会社

©Harumi TAKAKUSAGI　2019, Printed in Japan
ISBN978-4-86528-233-7

○著作権法上の例外を除き、本書のコピー、スキャニング等による無断複製を禁じます
○乱丁・落丁のお取り替えは直接小社までお送りください

左右社のロングセラー

「夫（妻）の気持ちがわからない」
「些細なことでケンカになってしまう」

TV・雑誌など
メディアで多数紹介

なぜ夫は何もしないのか
なぜ妻は理由もなく怒るのか

3刷

悩みを持つ夫と妻のために具体的な事例をあげ、「夫と妻の考え方の違い」「夫と妻の受け取り方の違い」「問題になりやすい事柄」「改善策につながるヒント」「考え方のポイント」を、家事、育児、会話など38のテーマ別にアドバイス。

高草木陽光◉著
1,700円＋税